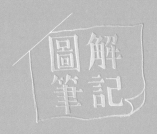

3天搞懂選擇權交易

天選擇權

圖解

市場多空皆可獲利
並降低風險的交易策略！

梁亦鴻／著

進可攻、退可守的投資工具──選擇權

　　臺股在 AI 題材、台積電「一個人的武林」的帶動之下，指數曾經在 2024 年七月創下接近 24,500 點的歷史高點；護國神山也在一年之間，股價翻倍！這麼令人歡欣鼓舞的股市表現，卻在 2024 年的八月初，在美國經濟面臨衰退、重量級科技公司財報表現不如預期、日圓狂升、加上去槓桿作用等因素交叉影響之下，讓臺股指數可以在一天暴跌超過 1800 點、兩天跌掉近 3000 點！史無前例的跌點，也讓台積電、聯發科還有鴻海──這臺股的三大權值股，以至於臺指期──竟然可以出現聯袂跌停、令人驚心動魄的情況！

　　突然間，原本順風順水的投資策略，面臨了重大的考驗！

　　近幾年來，由於市況多變，許多的黑天鵝事件，層出不窮，讓投資人飽受驚嚇、進退失據！除了 2020 年之後新冠肺炎疫情對全球的衝擊，早已改變了很多人的三觀之外；隨之而來的俄烏戰爭、中美貿易及科技戰、美國聯準會的暴力升息，以至於 2023 年春天，美國績優的大型商業銀行──矽谷銀行（Silicon Valley Bank，簡稱 SVB）、國際知名的投資銀行瑞士信貸（Credit Suisse，簡稱瑞信），竟在短短幾天說倒就倒，讓全球金融市場措手不及；再加上 2024 年七、八月間全球股市的巨幅震盪，投資朋友開始哀號：投資股票，會遇到崩跌；怎麼買優質機構的債券，還會灰飛煙滅？！這使得不管是積極型、還是保守型的投資人，為了架構投資組合、做好資產配置，開始傷透腦筋之外，有些已經開始規劃讓投資理財為自己創造第二份收入的投資人，就開始在琢磨：有什麼投資工具，可以相對少的資金、相對小且可控的風險，在相對短的時間（避免夜長夢多），獲取不錯的報酬？如果有這些想法的投資朋友，「選擇權」這項投資工具，倒是一項不錯的「選擇」。

　　這幾年，不管是在學校教授「衍生性金融商品」、或者是在實務界跟投資朋友討論資產配置，常常會有學生提到，在投資選擇權時，面臨到的一些問題。主要的問題不外乎是：選擇權的觀念難懂、策略複雜、不知如何選擇標的等。

其實，就如同股票、基金、ETF 等常見的金融商品一樣，任何一種金融商品，都有相對應的「遊戲規則」，以及挑選標的之基礎和專門知識。「選擇權」這項投資工具，自然也是需要花時間、也值得你花心力去跟它「搏感情」的。

當然，學習如何投資「選擇權」，也是有方法的。

延續「3 天搞懂投資理財系列」寫作的宗旨，是在協助投資朋友們，從建立正確的投資觀念、領域知識開始，再旁徵博引到如何架構該商品的投資策略、進而讓自己的資產配置更為多元及完整。本書──「3 天搞懂選擇權投資」，也是秉持這樣的理念撰寫，希望可以透過大白話、一問一答的方式，解析這項投資朋友們一直有很多問號的投資工具。

本書內容的撰寫架構，除了由淺入深之外，還兼顧到已經具有投資選擇權基礎以及進階程度的讀者們；並且保有書系中，可以啟迪讀者朋友們實作的單元。因此，透過研讀本書，讀者朋友們除了可以瞭解選擇權的遊戲規則、基礎知識、報酬及風險型態之外，還會引導讀者朋友們如何善用官方網站資源、看懂交易報表、進而審時度勢地搭配自己現有的股票部位、或者對於行情的判斷，而能夠擬定符合自己理財目標的交易策略。因此，如果你手上持有股票，暫時不想賣，卻又擔心股價下跌，讓你賺得不夠多；或者是有所虧損時，可以運用個股選擇權，來幫你的股票「掛保險」；讓你可以在繼續持有股票、繼續等待上漲，期待更高的資本利得的同時，不用膽戰心驚。

此外，瞭解如何應用外匯及利率選擇權，不管是法人還是自然人，都可以藉以規避、降低不可預期的雙率（利率、匯率）變動所帶來的投資風險。

當大多數的投資朋友們，都希望藉由學習各種金融商品、積極提升理財知識力，來讓自己更早可以達到財富自由的此際，建議讀者朋友們也應該要嘗試接觸這項可以讓你進可攻、退可守的投資工具──選擇權。不管是投資大盤（指數）或者是個股、新臺幣或是外幣，只要你有看法，不論是漲、跌或是盤整，在選擇權市場上，多半都可以找到適合你的商品；不論是助攻、還是提供下檔保護；不論是規格化、還是量身打造，選擇權商品型錄上，都將可以滿足你架構投資組合的需求！

也希望本書以及「3 天搞懂投資理財系列」的書籍，可以協助讀者朋友在財富管理路途，走得更為穩健、踏實！

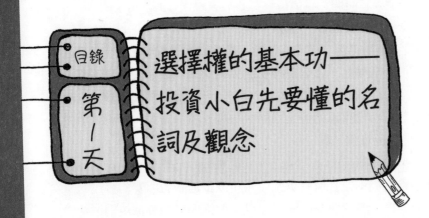

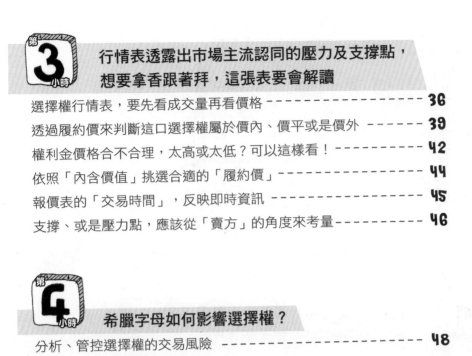

「第一次就上手」專欄（一）

目錄

第2天

選擇權的商品——交易前須具備的商品知識

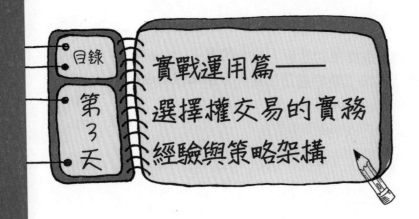

目錄

第3天

實戰運用篇──
選擇權交易的實務
經驗與策略架構

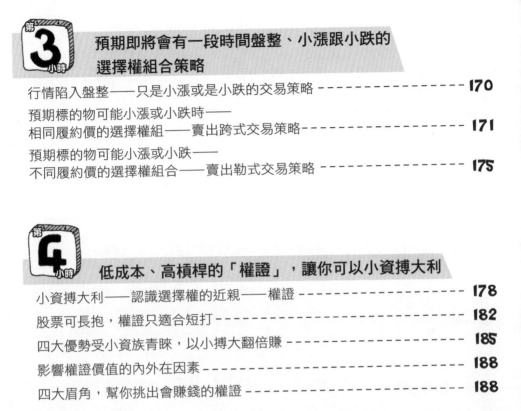

「第一次就上手」專欄（三）

第1天

觀念篇
交易篇
實戰運用篇

選擇權的基本功——
投資小白先要懂的名詞及觀念

想要透過選擇權獲利,先來瞭解關鍵名詞

第 **1** 小時　多學一項理財工具,為財富自由添助力

第 **2** 小時　選擇權「作對邊一步升天,作錯邊萬丈深淵」
　　　　　能不謹慎?

第 **3** 小時　行情表透露市場主流認同的壓力及支撐點,
　　　　　想要拿香跟著拜,這張表要會解讀

第 **4** 小時　希臘字母如何影響選擇權?

多學一項理財工具，為財富自由添助力

看到「選擇權」裡，複雜的各項術語、策略，讓你有「選擇障礙」？用大白話教會你這項投資工具，讓你多頭可以賺、空頭可以賺，盤整時，也可以穩穩地收錢！

- 多學一項理財工具，為財富自由添助力
- 學習選擇權，應付詭譎多變的市場
- 大白話說明選擇權的基本觀念
- 選擇權交易較複雜，需先了解關鍵名詞
- 多空皆宜，選擇權交易基本四式

多學一項理財工具，為財富自由添助力

Q 投資工具有那麼多種，為什麼還要再學習如何交易選擇權呢？

A 幾年來，由於市況多變，許多的黑天鵝事件，層出不窮，讓投資人飽受驚嚇、進退失據！除了 2020 年之後新冠肺炎疫情對全球的衝擊，早已改變了很多人的三觀之外；隨之而來的俄烏戰爭、中美貿易及科技戰、美國聯準會的暴力升息，以至於 2023 年春天，美國績優的大型商業銀行——矽谷銀行（Silicon Valley Bank，簡稱 SVB）、國際知名的投資銀行瑞士信貸（Credit Suisse，簡稱瑞信），竟在短短幾天說倒就倒，讓全球金融市場措手不及之外，投資朋友開始哀號：投資股票，會遇到崩跌；怎麼買優質機構的債券，還會灰飛煙滅？！（註：在瑞士銀行決定以約 32 億美元收購瑞士信貸之後，瑞士金融監管機構 Finma 表示，價值約 160 億瑞郎，折合約 173.3 億美元的瑞信一級資本（AT1）債券將減記為零，用以增加瑞信的核心資本。但這也表示，AT1 債券將成

為壁紙，那些持有 AT1 債券的投資者將會血本無歸！）

　　這使得不管是積極型、還是保守型的投資人，為了架構投資組合、做好資產配置，開始傷透腦筋之外，有些已經開始規劃讓投資理財為自己創造第二份收入的投資人，開始在琢磨：有什麼投資工具，可以使用相對少的資金、相對小且可控的風險，在相對短的時間（避免夜長夢多），獲取不錯的報酬？如果有這些想法的投資朋友，「選擇權」這項投資工具，倒是一項不錯的「選擇」。

學習選擇權，應付詭譎多變的市場

Q 選擇權有這麼多好處嗎？

A 每一種投資工具，都有它的優缺點。選擇權的優點，可以整理成為以下五點：

❶ **風險有限、獲利無限（理論上）：**有人形容，買進「選擇權」，就如同你買了一張樂透彩券一樣，「風險」相對小且可控（買進「選擇權」頂多就是「槓龜」，在選擇權交易的理論，叫做損失「權利金」），但是，如果受到財神爺眷顧，獲利有可能是「無限大」（在選擇權交易的理論，叫做「獲利無限」）。光是這一點，就會讓很多投資朋友眼睛一亮了！

❷ **所需投入的資金以及交易成本相對較低：**除非是買進零股，要不然，一張優質股票，動輒數萬、數十萬起跳，這對於資金相對有限的小資男女而言，可能要縮衣節食存好幾個月，才能夠進場。但是交易選擇權，只要準備好數百到數千元，就可以進場交易了。另外，選擇權的交易成本，比起投資股票、ETF 或者基金，都要來得少。例如，股票要千分之三的證交稅，但是，選擇權的期貨交易稅率，只要千分之一。

❸ **可用來規避風險：**有人形容買進選擇權，就好比是買進保險（例如旅遊平安險）一樣，可以規避標的（指數或是個股等）下跌的風險；而且，使用選擇權避險，還可以針對你對於行情趨勢的判斷，是較大的跌勢？還是較和緩的跌勢？而採用不同的交易策略。萬一誤判行情，投資人損失的也只是已經支付的權利金而已。這道理就好比出門旅遊，如果擔心旅程被航班耽誤或者行李沒跟上主人，而使得旅費暴增，那麼旅平險中的「不便險」理賠金，至少可以分攤額外開銷的花費。如果旅途一路平安，那支付出去些許的旅平險保費，也不至於構成負擔。

❹ **賺取時間價值：**這是一項有別於其他投資工具（例如股票、基金、ETF 等）特有的利潤。因為選擇權是一項有契約規範的金融商品；而契約條款當中，會有一項「到期日」，所以會有「最後交易日」。（例如臺指選擇權契約規格中的「到期契約」是指：自交易當月起連續 3 個月份，另加上 3 月、6 月、9 月、12 月中 2 個接續的季月，另除每月第 2 個星期三外，得於交易當週之星期三加掛次一個星期三到期之契約。相關內容，以下各篇章會再詳細解釋。）

一旦你是擔任選擇權的「賣方」（也就是「賣出選擇權」），那麼這時候你就好比是保險公司，是收取保費、承擔風險的一方；而保險公司所承擔的風險，將會隨著時間的流逝，呈現遞減的狀態。這也就是說，一旦你承保的時間到了，選擇權的「買方」沒有發生任何意外，你就可以把保險費（權利金）全部收走；這就叫做：賺取「時間價值」。

❺ **多樣化的交易策略：**如果曾經嘗試以信用交易買賣股票的投資朋友，應該都遇過或聽過無法融券放空的時機；這時候，不管你的眼光是多麼精準，礙於主管機關設下的遊戲規則，你就是無法放空獲利。但是，在

選擇權市場，你可以透過買進賣權、或賣出買權來驗證你看空的眼光。此外，選擇權這項投資工具，還可依照你個人對於未來行情的走勢，是看大漲、小漲、大跌、小跌，還是盤整等，而規劃設計出不同的交易組合。

選擇權除了有前述五項優點之外，也有四項風險：

❶ **選擇權的買方，勝率低**：選擇權是一種有合約規範的金融商品，明示著到期日時，買賣雙方有哪些權利、義務需要遵循；而且到期日的設定，有時短則一週，較長者，也多半在一個月就會見真章。既然如此，選擇權權利金的價值，就會隨著時間的經過而逐日遞減。雖然擔任選擇權的買方，有獲利 N 倍的潛力，但是，如果到了到期日，還沒有履約的價值（關於什麼叫做有履約價值？接下來相關章節會有進一步的解釋）的話，那麼所付出的權利金終將歸零。這就好比你買樂透（付出「權利金」），期望在連續槓龜多期之後，會是那位十數億彩金（預期獲利可以達到 N 倍）的得主；可是，等到開彩日當天（契約到期日），你還是跟財神爺擦身而過，那麼你先前買彩券的錢（即便只有 50 元的「權利金」），就是無聲無息地消失殆盡了！

❷ **選擇權的買方，縱使看對方向，可是時不我予，依然會虧錢**：如同前面所說的，因為選擇權是一種有到期日的金融商品，所以，隨著時間的經過，只要沒有履約，就是每經過一天，買方都因此會損失掉一些「時間價值」（流到賣方手中）。於是，選擇權買方進場的「時機點」，就顯得很重要；如果進場之後，遇到的是一直盤整的行情，連續盤整了好幾天，才開始上漲或下跌，可是，在到期日之前，卻沒有達到履約的條件（也就是沒有價差或利差），那麼，就會發生即

使你看對、做對了方向，最終卻仍是虧損的結局。

❸ **選擇權的買方，縱使看對方向，卻買在很價外（就是要履約的機會很渺茫）的位置，依然會虧錢：**有些投資人雖然具有研判趨勢的眼光，看準了方向（會漲還是跌），但因為想要買得便宜、付出更少的權利金，而買在很價外的位置，這其實只是讓買方的勝率更低。因為在選擇權市場，越是價外，就需要等到行情有更大程度的「噴出」（大漲或大跌），才有機會獲利，要不然，仍然會發生即使你看對了方向，所獲利得（商品價格與履約價的差距）仍然沒有辦法抵上已支出權利金的情形。

❹ **選擇權的賣方，勝率雖高，但卻承擔不可預知（有些書籍會寫成「無限」）的風險：**所謂賣方的勝率較高，是相對於買方而言；但卻因此承擔不可預知的風險。我們再以買樂透彩為例。大家都知道，樂透彩的中獎機率（買方），比被雷打中的機率要來得低，所以，身為樂透彩的賣方，勝率自然高（更何況樂透彩的彩金，是來自於所有買樂透彩的「權利金」，賣方只是擔任分配者的角色而已）。但是，選擇權的賣方，雖然類似於樂透彩的「莊家」，擁有勝率較高的特性；然而，一旦選擇權的買方認為有履約的價值而要求履約，那麼選擇權的賣方可能就要付出「權利金」N倍的代價。或者也可以將選擇權的「賣方」類比成保險公司來說明這個觀點。當選擇權的「買方」支付了「權利金」（保費），而保險公司收取這一點「權利金」（保費）。之後，如果選擇權的「買方」出事且符合理賠條件，那麼保險公司（選擇權的「賣方」），就需要依約支付鉅額的理賠金；所以，選擇權的賣方，才會被說成是獲利有限、風險無限。一般而言，散戶會擔任買方，法人會做賣方；那是因為，市場上已經

觀念速解

歐式選擇權

歐式選擇權（European Option）：指買方有權利、而且只能在到期日「當天」要求履約；買方可以履約價格買進或賣出標的物。這種選擇權是不能提前執行的。

目前臺灣期貨交易所推出的選擇權商品均為「歐式」選擇權，至於履約方式則可分為現金結算或實物交割兩種。

有太多遭逢一次意外，就讓賣方賠掉數年所累積獲利、令人慘不忍睹的例子，不可不慎！

美式選擇權（American Option）：指買方有權利，在到期日之前的任何一天要求履約；買方可以履約價格買進或賣出標的物。

大白話說明選擇權的基本觀念

Q 這樣說來，選擇權的確是一種值得學習的投資工具。那麼要如何投資選擇權呢？

A 擇權是一種衍生性金融商品，它跟期貨不同的是，買方必須先支付一筆「權利金」，而賣方則是收受該筆權利金，但是要繳交「保證金」。買方在支付權利金後，會取得一個權利，這個權利賦予買方在未來某個特定日期（這稱為「歐式選擇權」European Option）或是未來某特定期間（這稱為「美式選擇權」American Option），可以按照先前就約定好

遠期契約、期貨、選擇權三種商品的異同

	遠期契約	期貨（以指數為例）	選擇權（以指數為例）
契約方式	金融機構與客戶雙方自由議定	標準化商品，必須符合規定	標準化商品，必須符合規定
交易方式	私下或櫃臺買賣市場，以電話或電報交易	在期貨交易所公開競價	在期貨交易所公開競價
漲跌幅限制	無	每日漲跌幅度，以前一日結算價上下10%為限	每日權利金最大漲跌點數，以前一日標的指數收盤10%上下為限
權利金	無	無	買方付
保證金	不一定	買賣雙方都要	賣方付
保證付款人	無	結算所	結算所
履約風險	有不履約風險	結算所背書保證	買方可選擇履約或放棄
違約風險	有風險，需慎選交易對象	保證金交易制度	保證金交易制度
解除合約	需在到期時履行交割義務	可經由反向操作、或到期履約交割而解除合約義務	買方可選擇履約或放棄賣方只能按照合約規定履行

的價格（稱為「履約價格」），買入或賣出締約當時所議定的「標的物」（可能是股票、貨幣、期貨或者是指數等）。而賣方也必須遵守合約上的承諾，賣出指定數量的股票，或是指定的某種貨幣。

由於選擇權跟期貨都是衍生性金融商品；另外，遠期契約又跟期貨在某些交易規則上多所類似，因此，我們先用簡單的表格，概略將此三種商品做一比較。

選擇權交易較複雜，需先了解關鍵名詞

Q 選擇權有很多專有名詞，應該如何理解呢？

A 投資朋友要開始交易選擇權之前，先要能夠解讀契約條款；而契約條款中，除了法律相關的名詞外，相關的金融術語，也必須要能夠理解其間含意，才能夠擬定符合自己理財目標的交易策略。不管是法律專有名詞也好、金融術語也好，其艱澀的語彙，總是教人望而生畏；因此，有許多投資朋友在買、賣有關選擇權的金融商品時，不管是在證券交易所掛牌的也好，還是銀行理財專員介紹的也好，往往是不求甚解地就交易了，結果常常虧錢虧得不明不白！若是能夠獲利，可能是祖上積德。然而，有關選擇權商品的專業術語即便很多，但是，只要先搞懂基本的「遊戲規則」，進場時，再來仔細研究會影響價格的變數，逐步進階的理解這項商品，就不會讓人想打退堂鼓了。就好比股票投資人，也是漸進式的學習基本分析跟技術分析的道理一樣。（關於股票的基本分析跟技術分析，請參考 3 天系列的其他專書）

以下，我們就先從選擇權契約的重點開始說明。

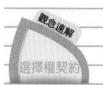

觀念速解

選擇權契約

選擇權契約（Option Contract）：係由買賣雙方訂定，選擇權的「買方」必須支付「權利金」，因而取得「買進」或「賣出」之權利，可以在特定的時間之內、或者特定的時間點，按照「約定的」價格（履約價格或執行價格）、數量等交易條件，買賣約定標的物。選擇權的「賣方」，必須在「買方」要求履約時，有依約定履行之義務；或買賣雙方同意於到期前或到期時結算差價之契約。

⭐ 構成選擇權的三大要素：
標的物、履約價、到期時間

交易前，先找到契約內容中，載明買賣雙方約定在未來的某個「時間」點，按照事先約定好的「價格」和「數量」，「買進／賣出」某「特定商品」。因此，解構選擇權的三大要素就是：標的物（你要交易什麼）、履約價（還要再拿出多少錢、或者拿回多少錢）、到期時間（最後可以交易的時間）。

臺灣期貨交易所股份有限公司
「股票選擇權契約規格」

項目	內容
交易標的	於臺灣證券交易所上市或櫃買中心上櫃之普通股股票、指數股票型證券投資信託基金或境外指數股票型基金（請點選）
中文名稱	股票選擇權（買權、賣權）
英文代碼	各標的證券依序以英文代碼表示
契約單位	標的證券為股票者為 2,000 股；標的證券為指數股票型證券投資信託基金者為 10,000 受益權單位；標的證券為境外指數股票型基金者，契約單位由本公司另定之（但依規定為契約調整者，不在此限）
履約方式	歐式（僅得於到期日行使權利）
到期月份	交易當月起連續 2 個月份，另加上 3 月、6 月、9 月、12 月中 1 個接續的季月，總共有 3 個月份的契約在市場交易

資料來源：臺灣期貨交易所

● **標的物**：哪些標的，可以讓投資人選擇的？包含有不同的標的物；常見的標的物分類包括：指數選擇權、個股選擇權、能源選擇權、農產品選擇權、貴金屬選擇權，以及針對貨幣投資的「外匯選擇權」等。相關的權利、義務為何，需視契約內容而定。跟交易臺股一樣，每一項合約，也都會有最小跳動「點」和最小跳動「值」；只是每一種商品的條件和金額不一樣，投資朋友必須特別注意這項「遊戲規則」，因為

這關係到損益兩平點的計算。

●**履約價**：擇權中的「履約價」是指，當投資人選擇「執行」選擇權時，投資人「買進」（所以還得要拿出這麼多錢）或「賣出」（所以可以拿回這麼多錢）特定標的物的價格。每一個選擇權合約，都會有一個固定的履約價格。例如，張三想買進台積電十月份到期的買權（Call Option），履約價格為 1100 元，這表示，張三擁有一個權利，在十月的第三個星期三（合約上會寫），要執行此一股票選擇權時，可以用 1100 元購買 1000 股台積電的股票。

●**到期月份（時間）**：是這個選擇權契約的「截止日」，超過這個時間，契約就會失效了。關於到期月份（時間），以「臺灣證券交易所股價指數選擇權契約規格」為例，新契約掛牌時及契約存續期間，以前一營業日標的指數收盤價為基準，於一般交易時段依履約價格間距，向上及向下連續推出不同之履約價格契約至滿足下列條件為止；交易當週星期三加掛次二週星期三到期之契約，最高及最低履約價格涵蓋基準指數之上下 10%。後續我們會再以實例進一步的說明。

ⓠ 什麼是買權？什麼是賣權？

ⓐ 選擇權有兩大族群，分別是「買權」（call）與「賣權」（put）－你可以想像成，投資人可以買進兩種「東西」，分別叫做「買權」（call，買進的權利）跟「賣權」（put，賣出的權利）。當投資人買「買權」時，必須要付錢（稱為「權利金」），之後，他就會有一項「權利」讓投資人可以在到期日（或到期日之前），按照合約上面訂定的條件（例如履約價、數量、規格等），「買」進合約上面指定的標的物。那麼「買權」（這個東西）的賣方，收了投資人的錢（「權利金」），就有一項義務，那就是必須要配合買方遂行後續的履約；而為了避免賣方違約，就必須要跟賣方收取一筆錢（「保證金」）。

觀念速解

買權

買權（Call Option）：在契約到期日前或者到期日，以「約定的」價格（稱為履約價格或執行價格）購買約定標的物之權利。

觀念速解

賣權

賣權（Put Option）：在契約到期日前或到期日，以「約定的」價格（稱為履約價格或執行價格）賣出約定標的物之權利。

　　至於買進「賣權」（這個東西）的投資人，擁有什麼權利呢？他會擁有在到期日（或到期日之前），按照合約條款「賣」出標的物的權利，而「賣權」（這個東西）的賣方也應該依約買進。

　　投資人既可以買「買權」、賣「買權」，也可以買「賣權」、賣「賣權」。那麼，要如何分辨時機點，要買進或賣出什麼權利呢？當投資人對於後市看好時，就可以買進「買權」；對於後市看壞時，就可以買進「賣權」。因此，選擇權和期貨一樣可以做多或做空；但是選擇權「買方」的好處是，不履約的結果頂多賠掉權利金。這就好比一開始就設停損點一樣，但是期貨無法不履約，到期就是要履行義務；因為投資人一旦建立期貨的部位之後，在未沖銷前，買、賣雙方都負有義務，需要履行契約所訂之內容。因此，期貨的風險要比選擇權大得多。

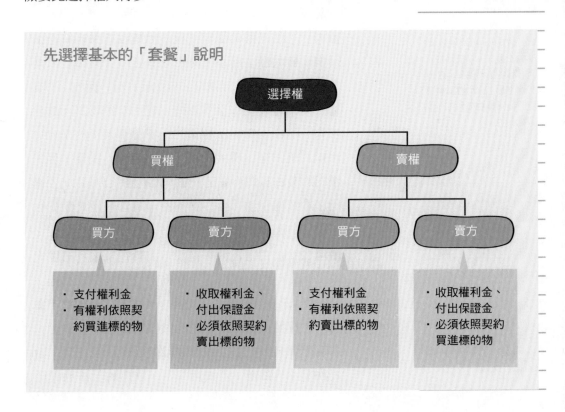

先選擇基本的「套餐」說明

選擇權
├─ 買權
│　├─ 買方
│　│　・支付權利金
│　│　・有權利依照契約買進標的物
│　└─ 賣方
│　　　・收取權利金、付出保證金
│　　　・必須依照契約賣出標的物
└─ 賣權
　　├─ 買方
　　│　・支付權利金
　　│　・有權利依照契約賣出標的物
　　└─ 賣方
　　　　・收取權利金、付出保證金
　　　　・必須依照契約買進標的物

多空皆宜，選擇權交易基本四式

Q 既然選擇權可以做多，也可以做空，那麼如果看好大盤後市，應該要怎麼操作呢？看壞大盤後市，又應該要怎麼操作呢？

A 如果投資人對於某個標的例如大盤的後勢，有很明確的方向性的話，可以擔任選擇權的「買方」。當你很明確的看好大盤未來的走勢，那麼在選擇權的操作策略上，就可以「買進買權」；如果對於大盤的後勢，是很明確的看壞，那麼在選擇權的操作策略上，就可以「買進賣權」來因應。

若是對於大盤的後市行情並沒有十分的把握，可以擔任選擇權的「賣方」。例如，你認為短時間內，大盤可能陷於盤整，只會小漲、小跌，那麼，你就可以「賣出」選擇權，賺取權利金。

道理是這樣：

- **情境一**：張三因為很有把握，大盤在未來會有噴出行情、會大漲，所以，張三「買進」「買權」。既然有人「買進」「買權」，自然要有人「賣出」「買權」。誰會「賣出」「買權」呢？就是認為大盤在未來「不會」有噴出行情、「不會」大漲的李四。所以，張三是「看大漲」（「買進」「買權」），李四的看法迥異於張三，是「看不漲」（所以，「賣出」「買權」）。而「看不漲」隱含著是大盤還有可能「小跌」。

- **情境二**：張三因為很有把握，大盤在未來會出現大跌，所以，張三「買進」「賣權」。既然有人「買進」「賣權」，自然要有人「賣出」「賣權」。誰會「賣出」「賣權」呢？就是認為大盤在未來「不會」有下跌行情、「不會」大跌的李四。所以，張三是「看大跌」（「買進」「賣權」），李四的看法迥異於

觀念速解

選擇權
買方

選擇權買方（Holder）：選擇權契約的買方，需要支付「權利金」，取得履約的權利。

觀念速解

選擇權
賣方

選擇權賣方（Granter/ Writer/Seller）：選擇權契約的賣方，收取買方之「權利金」，但必須付出「保證金」；也必須承擔買方執行履約權利時，履行契約的義務。

張三，是「看不跌」（所以，「賣出」「賣權」）。

而「看不跌」隱含著是大盤還有可能「小漲」。

我們把基本操作的時機，彙整如下表：

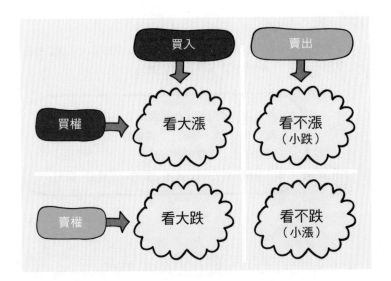

當然，如果大盤有明顯趨勢的話，順勢而為，很容易操作；不過大部分的商品和大部分的市場，在大多數的時間，都是處於盤整的狀態；在沒有出現明確行情的情況之下，單純做多或做空，都很難有獲利空間，這時候，採取「賣出」選擇權、賺取權利金的方式，將是最佳的操作策略。

以上介紹的選擇權操作策略，是基本款的四種方式；至於選擇權還有哪些操作策略？在我們明白更多選擇權的進階知識之後，將能夠根據自己對於行情後勢的判斷，而可以自行組合運用。

選擇權「作對邊一步升天，作錯邊萬丈深淵」能不謹慎？

市場上傳言，選擇權可以讓你同時既「看好」又「看壞」？要怎麼做，才能讓你在行情「向兩邊噴出」時都可以獲利！

單元重點

· 作對邊一步升天，作錯邊萬丈深淵！
· 既「看好」又「看壞」？這樣做，讓你在行情「向兩邊噴出」時都可以獲利！
· 「權利」買方 vs.「義務」賣方，誰要當「賣方」？

作對邊一步升天，作錯邊萬丈深淵！

Q 知道了什麼是買權，什麼是賣權之後，就可以開始交易了嗎？

A 相較於投資股票，要挑選標的前，需要先閱讀公司的財務報表、研究產業趨勢、還有總體經濟指標等，才能比較篤定的下單交易；但是，選擇權吸引投資人的地方，就在於只要對大盤（或個股、ETF 等標的）未來有方向性（上漲、下跌或盤整等），就可以找到相對應的契約以及策略可供執行。這比起想要專精投資股票，需要學會更多的基礎知識，對於初次接觸投資的理財小白而言，先選擇這項投資工具，是更容易上手的。換句話說，如果你在初步蒐集資訊之後，研判大盤近期將會有以下走勢的話，你就可以啟動以下的交易模式，幫自己加減賺點生活費：

❶ 判斷指數「會上漲到」某個點位 —— 買 Call（買進買權）

❷ 判斷指數「會下跌到」某個點位 —— 買 Put（買進賣權）

❸ 判斷指數「不會漲到」某個點位、甚至於還有可能

小幅下跌 ── 賣 Call （賣出買權）

❹ 判斷指數「不會跌到」某個點位、甚至於還有可能
　小幅上漲 ── 賣 Put （賣出賣權）

我們以具體的數字來說明，會更容易了解。例如：

● **情境一**：「看多行情」、判斷指數「會漲到」（很有
把握）某個點位：現在指數是 15,000 點，你判斷行
情會上漲到 15,600 點（甚至於以上），那麼你就可
以 ──「買進 15600 買權」。

● **情境二**：「看空行情」、判斷指數「會跌到」（很有
把握）某個點位：現在指數是 15,000 點，你判斷行情
會下跌到 14,600（甚至於以下），那麼你就可以 ──
「買進 14600 賣權」。

● **情境三**：認為大盤即將盤整，「不看好行情」（但是
沒有把握），判斷指數「不會漲到」某個點位時。例
如，現在指數是 15,000，你認為近期大盤不會上漲超
過 15,500 點，那麼，你就可以「賣 15500 買權」。要
提醒投資朋友注意的是，賣 Call 跟你看空（行情）、
做空（行情）是不同的交易策略；千萬不要誤以為：「賣
Call」就是「看空」。當你「賣 15500Call」，就算大
盤一天上漲 200 點，從 15,100 點上漲到 15,300 點，
你還是處於獲利狀態；只要在結算日之前，大盤沒有
上漲到超過 15,500 點，那麼你「賣 15500Call」這筆
單都是處於獲利狀態的。

● **情境四**：認為大盤即將盤整，「不看壞行情」（但是
沒有把握），判斷指數「不會跌到」某個點位時。例
如，現在指數是 15,000，你認為近期大盤不會下跌到
低於 14,500 點，那麼，你就可以「賣 14500 賣權」。
要提醒投資朋友注意的是，賣 Put 跟你看多（行情）、
做多（行情）是不同的交易策略；千萬不要誤以為：「賣
Put」就是「看多」。當你「賣 14500Put」，就算大

盤一天下跌 200 點，從 15,100 點下跌到 14,900 點，你還是處於獲利狀態；只要在結算日之前，大盤沒有下跌到低於 14,500 點，那麼你「賣 14500Put」這筆單都是處於獲利狀態的。

商品名稱 臺指選(TXO)∨　到期月份 202304W4∨　選擇權狀態：　　　　匯出Excel報表

| 臺指現貨 | 15,564.82(-62.05) | 狀態: | | 最高: | 15,639.49 | 最低: | 15,564.82 | 選擇權總成交量: | 128,118 |
| 臺指期053 | 15,574.00(-46.00) | 狀態: | | 最高: | 15,662.00 | 最低: | 15,571.00 | 成交量: | 128,068 |

| 買權 | | | | | | | 履約價 | 賣權 | | | | | | |
時間	成交量	振幅%	漲跌	成交價	賣出	買進		買進	賣出	成交價	漲跌	振幅%	成交量	時間
09:38:37	6	11.90%	-24.000	245.000	233.000	225.000	15350	4.800	5.100	5.100	-1.400	50.77%	1,343	09:46:28
09:46:26	67	35.96%	-46.000	182.000	185.000	181.000	15400	8.700	8.900	8.800	-1.700	58.10%	2,424	09:46:28
09:46:13	226	40.22%	-37.000	142.000	141.000	138.000	15450	15.000	15.500	15.000	-0.500	69.03%	4,027	09:46:30
09:46:28	1,715	52.17%	-40.000	98.000	100.000	98.000	15500	24.500	25.000	24.500	0.500	74.17%	8,472	09:46:31
09:46:31	3,394	64.36%	-38.000	63.000	65.000	64.000	15550	40.000	40.500	40.000	4.000	73.61%	6,523	09:46:31
09:46:31	8,535	73.19%	-32.000	37.000	38.000	37.000	15600	63.000	64.000	63.000	9.000	75.00%	10,044	09:46:31
09:46:30	14,083	83.53%	-24.000	18.500	19.000	18.500	15650	94.000	95.000	96.000	18.000	74.36%	9,143	09:46:30
09:46:31	12,252	92.77%	-15.300	8.200	8.200	7.800	15700	134.000	135.000	134.000	25.000	61.47%	4,772	09:46:31
09:46:31	9,463	80.83%	-8.700	3.300	3.500	3.300	15750	178.000	180.000	179.000	32.000	54.42%	1,929	09:46:31
09:46:31	3,043	70.69%	-4.400	1.400	1.600	1.400	15800	225.000	230.000	225.000	34.000	41.88%	737	09:46:24
09:46:31	4,511	60.00%	-2.100	0.900	0.900	0.800	15850	275.000	283.000	266.000	28.000	31.93%	311	09:43:17

資料來源：臺灣期貨交易所

既「看好」又「看壞」？這樣做，讓你在行情「向兩邊噴出」時都可以獲利！

Q 有沒有可能既看多、又看空，同時擁有兩種極端的交易呢？

A 大多數的投資人，對於行情的研判，多半都只會有一個方向：也就是前面所講的，看多的策略是：買進買權（看大漲）、賣出賣權（看不跌，有可能小漲）；看空的策略是：買進賣權（看大跌）、賣出買權（看不漲，有可能小跌）。

但是，如果遇到某些極端的情況：明天的行情，「幾乎確定」不是大漲就是大跌，但是，我想要兩邊都做，同時保留獲利的機會，這有可能嗎？

什麼時候會有這種情況呢？像是 2022 年之後，聯準會的暴力升息決策，就會有引動市場這種兩邊噴出的預期。每每在聯準會利率決策會議之前，市場分析師會根據經濟指標，做出聯準會可能會升息幾碼（1 碼＝0.25%）的決策預判，作為投資人加減碼的參考。有時候，投資人甚至於會「押寶」聯準會不僅不會再升息，還會反向降息。那麼此時，市場就會形成兩種氛圍：

- **情境一**：聯準會繼續升息，從資本市場抽走資金，這將會讓股市繼續失血；原本那些預期不會升息的失望性賣壓湧現，於是市場會「大跌」！

- **情境二**：相反的，如果聯準會出乎市場意料之外，不但不升息，「竟然」還降息（經濟學家多半認為，出乎市場預料之外的利率決策，效果多半較大）！這肯定會讓市場投資人大為雀躍；因為這表示，聯準會又將開始對市場「放水」（降息形同又把資金趕進股市），資金行情再起，於是市場報以掌聲，「大漲」作收！

因此，在聯準會利率決策會議的前一天，就會有投資人想要兩邊都押；也就是想要同時擁有既看多又看空的單子。

除了沒有被預期到的貨幣政策，會讓市場「驚豔」或「驚嚇」而可能出現兩邊押寶的情況之外，某些具有指標性的選舉結果即將出爐，可是選情卻陷於膠著的情況，也會讓市場充滿懸念，而乾脆兩邊都押。例如，每當國內適逢大選（像是：總統大選），雙方陣營推出的候選人旗鼓相當、競爭激烈，各個有把握、卻各個都沒有勝算的情況之下，一樣會有想要押寶兩邊的投資人。如果原來的執政黨做得還不錯，市場可能會預期，如果換黨執政，政策能不能夠延續？會不會

引起政爭，而讓金融市場更加紛亂？那麼當執政黨落敗，第一個交易日，肯定會引起市場恐慌以大跌收盤。

相反的，如果原來的執政黨做得天怒人怨，民眾希望要有所改革時，一旦反對黨勝出，讓市場預期新的執政團隊會推出新的經濟政策、讓人耳目一新，那麼選完的第一個交易日，肯定會獲得市場喝采，而長紅收盤。

像這種，一部分人看漲未來、也有一部分人看衰未來；於是，看漲未來的會作多、看衰未來的會去放空。如果是投資個股，幾乎不會出現同一個人同時作多某一支個股、又放空同一支個股的情形。

但是，選擇權這種金融商品，相較於投資股票，最有趣的特點，就在於：選擇權竟然能同時看多也能夠看空！而且獲利機率還很高！那要怎麼操作呢？

舉例而言，假設在選舉前，臺灣加權股價指數（以下簡稱「臺指」）接近 18,000 點，在選舉前一交易日，選情呈現膠著，兩邊陣營估計勝算皆在五五波，於是，投資人也陷於觀望。但是，在開票結束後，若是新的執政黨上臺，行情會怎麼變化呢？肯定會有一部分人，認為新人新政，於是看漲臺股，認為將有一波蜜月期。也有一部分人，認為新人沒什麼資源會被百般掣肘，因而認為未來臺股肯定走長空。如果你想要保有既「看多」又「看空」的策略，可以怎麼做呢？

你可以透過選擇權，同時「作多」又同時「看空」。於是，你可以「買入買權」，選取「履約價」是 18,500；所以，當臺指漲逾 18,500 時，可以賺錢。也能同時「買入賣權」，選取「履約價」是 17,500；當臺指跌穿 17,500 時，仍然可以賺錢。

在合約到期時，會出現三種可能的情境：

❶ **臺指漲逾 18,500**：比方說，指數漲到 18,700，那麼你「買入買權」的價差收入（200 點。至於每一點是多少錢？下一個單元會有進一步的解說），將會高

於你支付的權利金及其他支出（包含手續費、稅費等交易成本），所以，你會賺錢。

❷ **臺指跌穿 17,500**：比方說，指數下跌到 17,300，那麼你「買入賣權」的價差收入（一樣是 200 點。至於每一點是多少錢？下一個單元會有進一步的解說），將會高於你支付的權利金及其他支出（包含手續費、稅費等交易成本），所以，你一樣會賺錢。

❸ **如果臺指落在 17,500 到 18,500 間**：那麼你的「買入買權」跟「買入賣權」都沒有履約的價值，所以，你將會損失「權利金」；但是，所損失「權利金」的數額，是你在交易「買入買權」跟「買入賣權」時，就已經知道的，因此，你不至於因為看錯行情，而大幅度的失血。

當然，如果投資朋友有很大的把握，認為臺指未來會在某個區間盤整，那麼，你將不會擔任「買方」（「買入買權」跟「買入賣權」），不會付出權利金，相反的，你可以採取同時「賣出買權」又「賣出賣權」的操作策略，在行情盤整期間賺取權利金。但是，要提醒投資朋友注意的是，擔任賣方，是有較高的風險、要有無法預知會賠多少錢的心理準備（理論上損失無上限）！

「權利」買方 vs.「義務」賣方，誰要當「賣方」？

🅠 選擇權的「買方」的好處是，擁有權利、而且可以在一開始交易時，就確定最多會有多少的損失金額；「賣方」卻是只有配合「演出」的義務，還揹負著可能有無限損失的風險。那麼，又有誰想擔任選擇權的「賣方」呢？

🅐 瞭解了選擇權「買方」跟「賣方」的權利、義務之後，很多人會想問：既然都是賣方在承擔風險，那麼市場上會不

會應該沒有賣方呢？這樣選擇權的交易要怎麼進行呢？乍看之下，的確應該是如此；然而事實上，在選擇權中喜歡當「賣方」的人，遠比想像中的還要多！擔任「賣方」，是一種基於「期望值」是正值的概念；原因在於：「賣方」在市場處於盤整階段時有極高的勝算，能夠賺取可觀的權利金；而股票市場中，會出現大漲、大跌的機會畢竟較少，多半是處於區間盤整，所以，很多資深的「股民」，在選擇權市場中，會選擇擔任「賣方」，賺取權利金。大家熟知的股神華倫巴菲特，就曾經傳出，靠著「賣」出 15 ～ 20 年長天期的「賣權」，賺取超過 45 億美元收入的案例。

我們再以前面大選之後可能的情境分析來看，如果有一個心臟夠強的投資人，他認為，選後的噴出行情，只會是短暫、甚或是一日行情，未來臺指會有極高的機率，在某個區間搖擺、盤整，於是，他可以選擇同時「賣出買權」又「賣出賣權」，在盤整期間賺取權利金。只要預期勝率大於敗率、估算的全部權利金收入大於可能的總體支出，就可以擔任賣方。

但是，長線來看，即便行情有較高的機率是處於盤整階段，但是，不要忘了，當看錯方向的「賣方」投資人，所揹負的損失金額，將是無法事先預估的。實務上，有許多意氣風發、藝高人膽大的「賣方」投資人，只要看錯方向、失敗一次，就有可能大賠，把過往幾年的權利金收入全部吐還給市場，甚至於還大虧！而這類的案例還屢見不鮮！我們大多數人的投資經驗，絕不會像華倫巴菲特一樣，從 10 歲左右，就開始投資股票、股齡長達 80 年以上，於是，見過股市的大風大浪、還擁有判斷行情的本事。此外，我們多數人也沒有如此雄厚的本錢，可以讓我們承擔萬一賠大錢的風險。盤點過作為「賣方」的條件之後，大多數的小資男女、領固定薪水的上班族，就會以擔任選擇權的「買方」這種刻板印象了。

Q 剛有提到，選擇權有一種「期望值」的概念，指的是什麼呢？

A 原本「期望值」是一種統計學的概念，我們可以借用這個字面上的意義，來說明選擇權中的「內含價值」和「時間價值」的觀念。

選擇權的價值（權利金）包含了兩大部分，一部分稱為「內含價值」，另一部分就是「時間價值」。「內含價值」，就是如果現在立刻履約的話，會有多少價值？而「時間價值」，代表的是，如果你現在不履約的話，那麼「未來有哪些可能性的價值」？

也就是：

我們以實例來解說，會更清楚。

假設某一個選擇權的標的是某一檔股票（這就是「股票選擇權」），目前該股票的市價是 100 元，但你選擇買進履約價是 95 元的買權（「買進買權」履約價是 95 元）。按照我們在第一天第一小時講過的有關選擇權合約的概念，這表示，如果你選擇立刻履約，你有「權利」用「95」元「買進」這檔股票。那麼，你為什麼會選擇履約呢？因為現在該股票的市價是 100 元，所以，你履約之後，取得股票、馬上在市場上賣出，就會有 5 元的價差；這個 5 元的價差就是「內含價值」。

可是，會有這種馬上買到（選擇權）、馬上履約、馬上獲利的「好康」嗎？實務上，在合約到期之前，履約價 95 元的「買權」（稱為「價內」，意義下詳）市價（「選擇權價值」），正常情況下都會高於 5 元（比方說 8 元），為什麼會這樣呢？這是因為合約還沒有到期，既然現在股價已經是 100 元了，未來股票的市價「很有可能」漲得更高，「選

擇權價值」當然會更高。所以,「選擇權價值」(比方說8元)比起「內含價值」(剛剛算出來的5元)多出的價格(3元)就是市場在反應未來股票可能繼續上漲的「機率」所換算出來的價格。也就是:

「時間價值」就是未來達成你心中目標價的「機率」,將之轉換為「價格」來表示。因此,選擇權價值(權利金)=內含價值+時間價值。

而因為這時候,選擇權的投資人是花8元的權利金買了這份「買權」的合約;所以,他應該不會選擇履約。因為他一履約,其實是虧了3元。該投資人雖然在履約之後,賣股可以賺到價差5元,但是,他一開始已經支付權利金8元,所以,他的整體獲利(股票市場獲利5元,選擇權市場支付8元)是 -3元。

因此,這位投資人,會選擇繼續等候,等著股價上漲超過103元以上,他才會履約。因為在股價是103元時,他其實才剛剛損益兩平而已(股票市場獲利8元,選擇權市場支付8元,不賺不賠)。

但是,選擇權的權利金價格,也會隨著股票價格的上漲,而跟著水漲船高。然而市場上投資人願意支付的權利金「期望」價格,將會隨著時間的消逝而愈來愈少(因為快要到期了,股票會再怎麼漲,可以看得更清楚了;能不能達成你心中預期的目標價的「機率」應該是越來越渺茫了),一直到到期日那天,就會降為零,所以,稱作「時間價值」。

這個道理,其實不難理解。試想,假設合約到期期限還剩下一個星期的時間,那麼股票要上漲到103元(或以上)的機會比較高,還是只剩下一天、甚至於半小時,股票要上漲到103元的機會比較高?答案當然是前者——所以,距離到期日的時間越久,獲利的可能性越大,所以「時間價值」也就越大。但是,「時間價值」跟「時間」並不是呈線性關係,而是一種越接近到期日,時間價值消失地越快的現象。

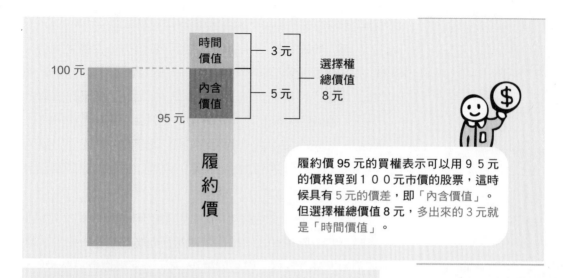

履約價 95 元的買權表示可以用 9 5 元的價格買到 1 0 0 元市價的股票，這時候具有 5 元的價差，即「內含價值」。但選擇權總價值 8 元，多出來的 3 元就是「時間價值」。

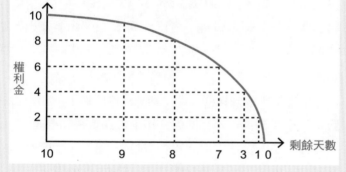

選擇權價值隨時間加速遞減

Q 那麼什麼是「價內」、什麼是「價外」呢？

A 所謂的「價內買權」是指買方要求履約即可獲利。像剛剛我們舉的例子，目前該股票的市價是 100 元，但你買進履約價是 95 元的買權（「買進買權」履約價是 95 元）。所以，「買權」的買方可要求履約、而以低價（履約價 95 元）買進，旋即以較高的市價（100 元）賣出，在不考慮已經支付多少權利金的情況下，就是獲利了。因此「價內買權」，就是當時的市場價格（又稱為現貨價格（Spot price)，簡稱 S）高於履約價格（Strike Price；簡稱 K），於是買方可要求履約，

以低價買進，旋即以較高的市價賣出，賺取價差（S＞K）。

而「價外買權」，就是「買權」的買方不會要求履約，因為這時候股票的市價是 90 元，但你是買進了履約價是 95 元的買權（「買進買權」履約價是 95 元）。如果你要履約的話，等同於你願意用履約價 95 元，去跟「賣方」買股票，但是，如果你去市場上買股票的話，卻只要 90 元。一個理性的投資人，肯定不會做這種事。這種買方履約得不到任何好處反而有損失的情況，就稱作「價外買權」（S＜K）。

那什麼是「價內賣權」呢？延續剛剛的例子。如果目前該股票的市價是 90 元，但你當初是買進履約價是 95 元的「賣權」（「買進賣權」履約價是 95 元）。那麼你會選擇履約。履約後，你可以用 95 元的價格（履約價）賣給對方；但如果你在市場上賣，只能夠賣到 90 元（目前該股票的市價）而已。也就是「買進賣權」者可以高價（95 元）賣出，而以較低的市價（90 元）買回，賺取價差。這時候兩者之間的關係是：目前市價低於履約價格（S＜K）。

那什麼是「價外賣權」呢？延續剛剛的例子。如果目前該股票的市價是 100 元，但你當初是買進了履約價是 95 元的「賣權」（「買進賣權」履約價是 95 元）。那麼你不會選擇履約。因為，一旦履約你只可以用 95 元的價格（履約價）賣給對方；但如果你在市場上賣，可以賣到 100 元（目前該股票的市價）。所以，「買進賣權」者根本不會選擇履約，因為無利可圖。這時候兩者之間的關係是：目前市價高於履約價格（S＞K）。

我們可以這樣看。對於買方來說，如果選擇履約「有利可圖」的就是「價內」（又稱為 in-the-money），「無利可圖」的就是「價外」（又稱為 out-of-the-money）。如果市價等於履約價，稱作價平選擇權（又稱為 at-the-money）。

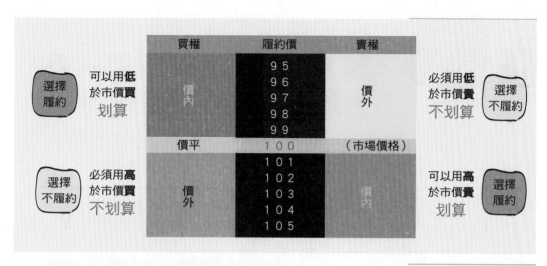

我們可以整理成以下的表格

項目	買權（Call）	賣權（Put）
價內（獲利）	S>K	S<K
價平	S=K	S=K
價外（損失）	S<K	S>K

市場價格（又稱為現貨價格（Spot price)，簡稱 S）

履約價格（Strike Price；簡稱 K）

我們還可以總結出以下的結論：

當你是擔任「買方」

❶「買權」的「履約價」越低越好（表示你可以買得更便宜）

❷「賣權」的「履約價」越高越好（表示你可以賣得更高價）

❸ 所謂的「價內」，就是有獲利的一邊；所謂的「價外」，就是沒有獲利的那一邊。

行情表透露市場主流認同的壓力及支撐點，想要拿香跟著拜，這張表要會解讀

就跟股票的行情表，會告訴你多空力道；而選擇權的行情表，除了多空勢力之外，還可以告訴你價量關係。

單元重點

- 選擇權行情表，要先看成交量再看價格
- 透過履約價來判斷這口選擇權屬於價內、價平或是價外
- 權利金價格合不合理，太高或太低？可以這樣看！
- 依照「內含價值」挑選合適的「履約價」
- 報價表的「交易時間」，反映即時資訊
- 支撐、或是壓力點，應該從「賣方」的角度來考量

選擇權行情表，要先看成交量再看價格

Q 我們學會了選擇權幾項基本的觀念跟交易策略之後，還有哪些基礎功夫，是需要先學會，才能夠進場交易的呢？

A 就跟下單買賣股票一樣，在挑選交易選擇權適當的契約之前，也得要學會如何解讀選擇權的報價行情表。我們可以參照投資朋友常用的 Yahoo！股市中的報價畫面來加以說明。

為利於解讀行情表，讀者可以先掌握三個關鍵：中間的「履約價」、左邊的「買權」，右邊的「賣權」。接著，我們再找到每一邊「總量」最多的那一列。例如，下頁表左邊「買權」「總量」最多的數字是：7,335，接著，在這一列當中，還有其他重要的資訊，包含這一列中對應的「履約價」是15,800，「買權」的「買進」價是55，「賣出」價是56，而「成交」價是56。

為什麼我們要先挑成交量最大的那一列來解讀呢？

試想，如果你選 14,600 CALL，以該張表所顯現的總量（就是成交量），累積起來只有 5 口（如圖所示），成交量實在非常少，若是你成交在這個履約價，未來將會面臨難以進出的困境（畢竟成交量只有 5 口）。所以，會建議讀者們在操作選擇權時，盡量挑成交量大的（也代表有人氣）；成交量太少的，盡量不要去交易。

在這張表中，除了「總量」最多的 7,335 之外，其他成交量相對也較大的，還有：履約價 15,850，成交量 3,768 口；履約價 15,900，成交量 6,981 口。這些成交量較大的「合約」，表示人氣聚集的地方，也就是有比較多的人認為未來指數將會「觸碰到」這個點位；換句話說，要解讀多數投資人對於未來行情是走多、還是走空？可以從行情表中，找到成交量較大的履約價，是高於、還是低於目前的指數？藉以預測未來行情的走勢。而為了說明這些通常成交量比較大的那幾個履約價，市場上會另外給予：價外 1 檔、2 檔、3 檔等的稱呼。像是該張行情表中，履約價 15,750、15,800、15,850，成交量都是數千口，是交投熱絡的合約，代表有相對較多的投資人，是看好未來指數即將走揚到這些點位。

而前面提到的，當某些合約的成交量太少，投資人持有這些合約之後，恐怕會面臨未來難以進出的窘境，而自困其間！常有投資朋友自己嘗試架構一些策略單，執著地想要交易到某一個履約價，可是，市場不一定會照著你的規畫走，因此，你的這一筆策略交易，很可能難以成交；即便勉強買到你預定好的合約（履約價），也可能不會是你理想的成交價格，這麼一來，也將會偏離你原本設想的損益情形了。關於如何計算損益，我們在後面的章節會進一步地說明。

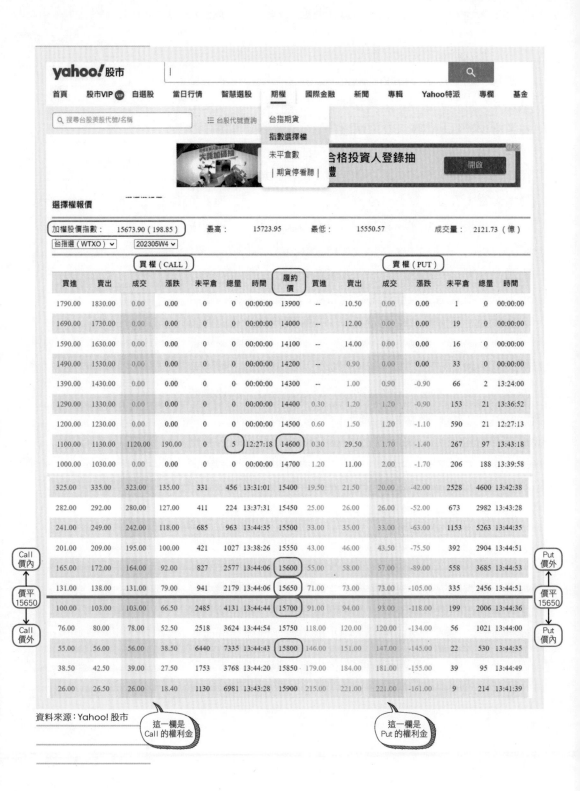

資料來源：Yahoo! 股市

透過履約價來判斷這口選擇權屬於價內、價平或是價外

Ⓠ 報表中越往下是越價外的 CALL，往上才是價外的 PUT ？

Ⓐ 至於我們之前提到，選擇權重要的關鍵名詞：價內、價平或是價外的觀念，也可以透過這張表中「履約價」數字的不同，而得知三者之間的差異。

我們先從基本的定義說起。如同前面章節提到的，所謂「買進買權」，是因為投資人看好未來會是上漲的格局，然而看漲的目標價，是會漲到哪個位置？假設目前行情在 15,600 附近，你預期行情會漲到 15,700、15,800、15,900 甚至於以上，那麼，那些「還沒有漲到／觸碰到」的所有履約價，對於「買進買權」的投資人來說，全部都叫做「價外」。

因此，我們看到行情表中，在 15,650 點下方箭頭所表示的履約價，對於現在的指數「15,600」而言，就都是「價外」。

再者，如果現在的指數在 15,673 附近，已經上漲超過 15,600 了，那麼那些已經低於指數 15,600 的履約價，就叫做「價內」（因為已經觸碰過 15,600 了）。因此，我們看到表中 15,650 點上方箭頭所表示的履約價，就都是「價內」。

而賣權價外的方向，則是跟買權相反。因為賣權是看空，是投資人預期會跌到哪個價位；那麼，那些「還沒有跌到／觸碰到」的所有履約價，對於「買進賣權」的投資人來說，全部都叫做「價外」。

例如：現在的指數在 15,600 附近，我覺得行情會下跌到 15,500、15,400 甚至於更低點，那就「買進賣權」，買一個履約價是「15,500」。這種去買一個「還沒有跌到／觸碰到」的合約，所對應的履約價，就被稱為「價外」。因此，我們看到表中，右邊賣權部分，15,650 點上方箭頭所表示的

履約價，就都是價外（因為都還沒有觸碰到）。

另外，由於現在的指數在 15,600 附近，已經上漲超過／觸碰過 15,650 了，那麼已經上漲超過／觸碰過指數 15,650 的履約價就被稱為做「價內」。因此，我們看到表中 15,650 點下方箭頭所表示的履約價，就都是「價內」。

INfo 選擇權分為價內和價外，關於分辨「價內」還是「價外」的要領，你知道嗎？

❶ 當 1 口 CALL（買權）的「履約價」「高於」大盤現在指數的位置時，因為大盤「還沒有漲／觸碰到」那個「履約價」，所以，這個「履約價」就是「價外 CALL」。 例如，現在大盤指數是 15,700，那麼履約價──15,900 CALL 是為「價外 CALL」（因為指數還沒有漲／觸碰到 15,900）。如果履約價──15,600 CALL 則是為「價內 CALL」（因為指數 15,700 已經漲超過／觸碰過 15,600）。

❷ PUT（賣權）則是相反，當 1 口履約價「高於」大盤目前點數的 PUT 則為「價內 PUT」。當 1 口 PUT 的履約價「低於／尚未觸碰到」大盤現在指數的位置時，因為大盤「還沒有跌到／觸碰到」那個「履約價」，所以，這個「履約價」就是「價外 PUT」。例如，現在大盤指數是 15,700，那麼履約價──15,600 PUT 是為「價外 PUT」（因為指數還沒有跌到／觸碰到 15,600）。如果履約價──15,800 PUT 則是為「價內 PUT」（因為指數 15,700 已經跌超過／觸碰過 15,800）。

❸ 結論：當持有「價內」選擇權（不管是買權還是賣權），那麼買方在這個時候要求賣方履約，就可以獲利（尚未考慮權利金價值）。例如，持有「價內」買權，一定是目前的市場價格（spot price；簡稱 S）高於履約價格（strike/ exercise price；簡稱 K）（也就是 S>K）。此時，買方可要求履約（也就是跟賣方以較低的履約價買進合約定義的商品），立刻以較高的市價賣出，就可以獲利。若是投資人持有──價內賣權，代表目前的市價低於履約價格（S<K），這個時候，買方可以較低的市價買進之後，要求履約（也就是以較高的履約價賣給賣方），就可以獲利。

❹ 口訣：以買權為例，當履約價「低於／觸碰過」大盤現在指數的 Call，就是「價內」；當履約價「高於／觸碰過」大盤指數的 Call 則是「價外」；而履約價在大盤點數 +/- 50 點以內的 CALL，即是「價平 Call」。

Q 成交之後的權利金，又代表我要支付或者收取多少錢呢？

A 在行情表中「成交」的那一欄位，就是代表選擇權每一個 CALL 和 PUT 合約，現在已經有人成交的權利金。比方說，在「履約價」15,700 的「買權」「成交」價在「103 點」；而「履約價」15,700 的「賣權」「成交」價在「93 點」。至於「103 點」中的「點」，該怎麼換算成新臺幣呢？

根據臺灣期貨交易所股份有限公司，「臺灣證券交易所股價指數選擇權契約規格」中，關於「契約乘數」，指數的

「每點」折合新臺幣「50 元」。所以，如果「成交」價是在「103 點」，表示「成交」價是 5,150 元（50×10.3 = 5,150）。

INfo 關於選擇權權利金的計算方式

將成交的權利金「點數」×50，就是投資人買進這口選擇權，需要支付的新臺幣金額；也表示選擇權的賣方賣出這口選擇權能夠收到的金額。

臺灣期貨交易所股份有限公司
「臺灣證券交易所股價指數選擇權契約規格」

項目	內容
交易標的	臺灣證券交易所發行量加權股價指數
中文名稱	臺指選擇權（臺指買權、臺指賣權）
英文代碼	TXO
履約型態	歐式（僅能於到期日行使權利）
契約乘數	數每點新臺幣 50 元
到期契約	自交易當月起連續 3 個月份，另加上 3 月、6 月、9 月、12 月中 2 個接續的季月，另除每月第 1 個星期三外，得於交易當週之星期三一般交易時段加掛次二週之星期三到期之契約。 新到期月份契約於到期契約最後交易日之次一營業日一般交易時段起開始交易。
到期契約	履約價格未達 3,000 點：近月契約為 50 點，季月契約為 100 點。 履約價格 3,000 點以上：近月契約為 100 點，季月契約為 200 點。 交易當週星期三加掛次二週星期三到期之契約，其履約價格間距同近月契約。 各契約自到期日前二週之星期三起，於前一營業日標的指數收盤價上下 3% 間，履約價格間距為近月契約之二分之一。
到期契約	新契約掛牌時及契約存續期間，以前一營業日標的指數收盤價為基準，於一般交易時段依履約價格間距，向上及向下連續推出不同之履約價格契約至滿足下列條件為止： 交易當週星期三加掛次二週星期三到期之契約，最高及最低履約價格涵蓋基準指數之上下 10%。 交易月份起之 3 個連續近月契約，最高及最低履約價格涵蓋基準指數之上下 15%。 接續之 2 個季月契約，最高及最低履約價格涵蓋基準指數之上下 20%。
到期契約	報價未滿 10 點：0.1 點（5 元） 報價 10 點以上，未滿 50 點：0.5 點（25 元） 報價 50 點以上，未滿 500 點：1 點（50 元） 報價 500 點以上，未滿 1,000 點：5 點（250 元） 報價 1,000 點以上：10 點（500 元）
漲跌幅限制	各交易時段權利金最大漲跌點數以最近之臺灣證券交易所發行量加權股價指數收盤價之百分之十為限。

資料來源：臺灣期貨交易所

權利金價格合不合理，太高或太低？可以這樣看！

Q 關於選擇權的權利金高低，合理與否，是不是可以從行情表中的哪些欄位解讀呢？

A 至於該成交價是不是合理？是貴還是便宜？我們要再來複習一下「內含價值」與「時間價值」這兩者的定義；透過計算及分析這兩者價值的高低變化，我們才能知道如何挑選出一個合適的履約價與價格。

如同之前章節提到的，選擇權的價值，是由兩部分所組成：分別是內含價值（又稱為隱含價值）跟時間價值。除了前面章節提到的定義，我們也可以利用這一張行情表，進一步地來闡明這兩個在實務上的意義：

內含價值：如果你是持有價內選擇權，「立即履約」可以獲得的利潤，就是「內含價值」；因此，如果是價外的選擇權，你根本不可能去履約，所以，是沒有內含價值的。我們用簡單的公式來說明「內含價值」該怎麼計算。

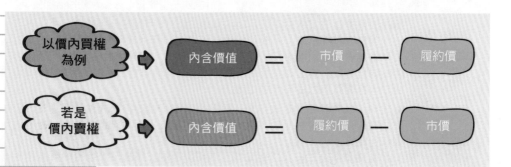

時間價值：是選擇權的權利金「價格」扣掉「內含價值」的部分，就是「時間價值」；也就是選擇權的「未來價值」，表示在還沒有到期之前的這段時間，該合約將會有多少的「潛在價值」。若以公式，可以表達成：

時間價值 = 選擇權價格 － 內含價值

我們來舉例說明，這兩種價值應該怎麼計算？還有計算出來的數字，分別有什麼意義？

假如現在的加權指數是 16,980 點（市價），那麼 16,900（履約價）CALL 的內含價值，就是 80 點

| 16,980（市價） | − | 16,900（履約價） | = | 80 |

如果是 17,000（履約價）PUT 的內含價值則是 20 點

| 17,000（履約價） | − | 16,980（市價） | = | 20 |

關於內含價值的意義，我們還可以解釋成：當你在交易選擇權時，已經把多少選擇權「本身的價值」給買回來；因此，只有「價內」的選擇權才會有內含價值，「價外」的選擇權，是沒有內含價值的。

既然只有「價內」的選擇權才會有內含價值，而「時間價值」又等於「選擇權價格−內含價值」，因此，「時間價值」隱含的意義，就是買方對於「價平」或者「價外」的選擇權合約，在未來是不是會有機會進入「價內」；或者該選擇權合約已經是「價內」了，但未來會有機會進入「深度價內」的一種期望，而因為有這期望值，因此願意「額外支付」多少的權利金，來買進該選擇權合約？再者，因為這種期望值，會隨著時間越來越接近到期日，而「進入價內」的機會也將愈來愈少，一直到「到期日」那天，就會降到零（因為到期之後，就再也沒有機會「進入價內」了），所以，才會被稱作「時間價值」。換句話說，選擇權的這部份「未來價值」，是一種在未來的時間內、可能發生「進入價內」或者「深度價內」的「潛在價值」，所以，如果我們想要買進價外的選擇權時，是指望該合約的「期望價值」（也就是「時

間價值」），而不是該合約的「內含價值」（因為在「價外」的那個點，是沒有「內含價值」的）。

依照「內含價值」挑選合適的「履約價」

Q 那要如何參考「內含價值」，來挑選合適的「履約價」呢？

A 瞭解了「內含價值」還有「時間價值」的意義之後，我們就可以參考「內含價值」的高低，來挑選適合的「履約價」。一般而言，越價內的選擇權合約，其履約價中的內含價值越高（因為跟市價差的越遠），相對地，它的期望價值（也就是時間價值）也會越來越少。至於要如何挑選適當的履約價，可以根據投資人的交易策略和對於未來走勢的預期而定。

首先，如果你的交易策略，是以「保本」為要，那麼，你可以買進內含價值較多（也就是較價內）的履約價，因為這種合約可以履約的機率比較高，就不至於完全奉送你的權利金。如果你想要冒點險，在幾天之內獲取較多的潛在漲幅時，就可以選擇內含價值較少的履約價。

至於如何判斷這履約價是（深度）價內還是（深度）價外？有一個簡單的方式是，當「成交價」（也就是「權利金」）越低，就是「價外程度」越高的履約價；而「成交價」越貴，就是「價內程度」較高（越價內）的履約價。我們可以看到前面的那張行情表，在「買權」那一部分，成交價最高的是「1120」，對應的「履約價」是「14600」，內含價值是 1050（15,650 － 14,600 ＝ 1,050），是屬於深度價內。而成交價最低的是「26」，對應的「履約價」是「15900」，內含價值則是 0（15650<15900）是屬於價外，成交價「26」，都是屬於「時間價值」。至於右手邊的「賣權」那一部分，往下的價內程度越高，「成交價」也是越來越貴；而往上，

則是屬於價外，往上的價外程度越高，「成交價」也就越來越便宜。

報價表的「交易時間」，反映即時資訊

Q 那報價表中的「時間」那一欄位，有什麼意義嗎？

A 由於臺指選擇權的交易時間，有日盤與夜盤，每個星期三則是結算日，國定假日會休市；此外，選擇權的日盤交易時間是 08:45 ～ 13:45（比大盤早 15 分鐘開盤，晚 15 分鐘收盤，合計 5 個小時）。夜盤的交易時間，則為 15:00 ～隔日 05:00（總共 14 小時）。

　　一般而言，日盤的交投較為熱絡，尤其在大盤交易時段，也就是 09:00 ～ 13:30，投資人的交投熱絡，成交價也較不會失真，比較具有參考價值；而在非主要的交易時段，就常會出現價格不合理的報價，以及成交量萎縮、甚至於乏人問津的履約價了。通常臺指選擇權夜盤交易量比較大的時間，會是在美股開盤（美股的交易時間，可以區分成夏令時間——3 月中～ 11 月中：臺灣時間 21：30 ～ 04：00；冬令時間——11 月中～ 3 月中：臺灣時間 22：30 ～ 05：00）前後。在美股開盤前、後之外的時間，特別是午夜過後，夜盤交易就會變得不熱絡。但是有些積極的投資人，會在 08:30 ～ 08:45 這段時間，參看期貨市場的盤前揭露訊息，藉由期交所模擬試撮合的開盤價格，來推測夜盤時段所發生的國內外市場變動情況，可能對於臺股的影響。

　　所以，當你發現成交比較少、價格比較貴的履約價，你還可以進一步的去瞭解成交的時間，是不是在交投不熱絡的午夜時分？如果是這段時間，那麼這些報價，自然較不具參考價值了。每個時間點，都應該要有相對應於當時走勢的報價；如果選取的成交價格，是成交在一兩個小時之前，那

麼這個價格，就不足以當成你這個時候下單時的參考；因為它是過去某個時間點的報價，不是現在的。時間點確定是當下之後，如同前面提到的，我們一樣要盡量找成交量大的交易，通常都是交投熱絡價位附近的 1、2、3 檔的位置。

支撐、或是壓力點，應該從「賣方」的角度來考量

Ｑ 報價表中的「未平倉」那一欄位，又該如何解讀呢？

Ａ 在報價表中的選擇權「未平倉」量，就是指「留倉」的量，也就是說，在這個履約價，有多少人選擇「留倉」。因此，報價表中的最大「未平倉量」就代表：市場上多數的投資人是「聚集」在什麼地方（哪一個履約價）？在這個履約價（對應的指數位置），將會是行情走勢的壓力點、支撐點；也就是可以提供給投資人對於未來行情走勢方向的參考。

　　至於要怎麼參看、解讀這個數據呢？我們要以選擇權「賣方」的角度來解讀。然而選擇權有買方跟賣方，為什麼要以賣方的角度來做解析呢？

　　主要是因為，選擇權的賣方，通常都是著眼於「長線」的，會希望選擇權的買方吃下「歸零膏」，權利金才能夠落袋為安。相較於賣方，選擇權的買方，偏向於短線的操作，甚至於還有當天買、當天賣，當沖就平倉了，大多數的買方持有時間非常短。既然有這樣的特性，那麼選擇權的賣方，若是考慮到要留倉，通常都是想要把權利金逐日地消耗掉，等到到期，時間價值收斂，就可以將權利金全部落袋，因此，就會有較為長線的考量。相較之下，如果有選擇權的買方選擇留倉的話，十之八九多半都是被迫套牢的居多。再者，因為選擇權的賣方需要繳交「保證金」，這數額會遠大於買方所支付的「權利金」，也就是需要準備更多的資金，才能在市場上交易；因此，會擔任選擇權的賣方者，多半會是法人、主力或者是大戶，當他們選擇留倉、而且數量頗大，就

表示他們認為，這個位置比較「有把握」。那麼「賣出賣權SELL PUT」未平倉量最大的那個履約價，又代表什麼意義呢？既然「賣出賣權SELL PUT」是「看不跌」，因此，「賣出賣權SELL PUT」未平倉量最大的那個履約價，就是市場上的「大人／眾人」覺得行情跌不破的地板價位；也就是所謂的「支撐區」。

而「賣出買權SELL CALL」，是「看不漲」，因此，「賣出買權SELL CALL」未平倉量最大的那個履約價，就是市場上的「大人／眾人」覺得行情漲不過去的天花板價位；也就是所謂的「壓力區」。

如果以本單元的報價表為例，在這表當中，買權最大的「未平倉」量，是在「6,440」，對應的履約價是「15,800」，相較於目前指數的位置在15,650附近，表示有多數的投資人認為，未來大盤指數應該不會上漲到「15,800」（在結算之前，行情不會漲過那個位置）；這個「15,800」應該就是短期的高點（「壓力區」）。

而報價表中，賣權最大的「未平倉」量，是在「2,528」，對應的履約價是「15,400」，相較於目前指數的位置在15,650附近，表示有多數的投資人認為，未來大盤指數應該不會下跌到「15,400」（在結算之前，行情不會跌破那個位置）；這個「15,400」應該就是短期的低點（「支撐區」）。

因此，根據報價表所呈現出來的訊息，就可以知道，短線的壓力以及短線的支撐所在，進而協助自己挑選履約價的參考了。

❶ 支撐、或是壓力點，應該從「賣方」的角度來考量。
❷ 以週選擇權的「最大未平倉量」當作短線的支撐或壓力點，進而判斷加權指數短線的支撐及壓力帶。例如，某年某月某日，週選合約 CALL 最大未平倉量是履約價 18,500，這表示，大多數人認為 18,500 會是短線的壓力點（也就是短線漲不過 18,500）。如果 PUT 的最大未平倉量是出現在履約價 17,500，這表示，大多數人認為 17,500 是短線的支撐點（也就是短線不會跌破 17,500）。

希臘字母如何影響選擇權？

學習選擇權，除了有很多燒腦的專有名詞之外，再加上希臘字母，就讓你患上「選擇障礙」？本單元，說人話，解釋你的迷津！

單元重點

・分析、管控選擇權的交易風險
・這些希臘字母透露價格變動的方向

分析、管控選擇權的交易風險

Q 學會看懂行情表之後，在實際交易之前，還有哪些注意事項嗎？

A 由於選擇權的交易策略變化繁多，投資朋友雖然已經學會看懂行情表，但是，在實際下單、享受獲利的甜美果實之前，還要多瞭解、認識有哪些因素會影響選擇權的風險？又是如何影響？特別是在行情多變時，有時候波動度太高，在還沒有獲利了結之前，可能會被震出心臟病，因此，關於風險的評估，就至關重要了。而有關於選擇權的風險觀念，在前面幾個章節，我們已經有過重點式的說明；在本單元裡，我們會進一步地將選擇權理論裡，有關風險相關的議題——像是波動率、歷史波動率、隱含波動率以及各個希臘字母（delta、gamma、theta、vega 和 rho）所代表的意義——讓讀者們可以知道，在交易選擇權時，如何分析、管控選擇權的交易風險。

☆ **當「波動率」上升**
　 後勢可能是看漲或是看跌，而不一定只是下跌

所謂的「波動率」，就是用來說明一項金融商品標的物「價格變動的幅度」；也就是在過去（或者未來）價格分散（上下跳動）程度的統計概念。簡單地說，我們可用具體的數字

（稱為「波動率指數」），來形容這個金融商品標的物，在某一段時間（可以是整理過去、或是預測未來），上下跳動的幅度。高波動率的金融商品，就是價格變動幅度大；低波動率的金融商品，就是價格變動幅度小的金融商品。

因此，我們可以藉由觀察「波動率指數」，來判斷市場氛圍是樂觀還是悲觀？應該加碼、還是減碼？

以我們現在正在學習的選擇權為例，一般而言，當波動率指數越高時，表示市場上大多數的投資人預期未來一段時間大盤的波動程度越劇烈（可能是上漲、也可能是下跌）；相反地，當波動率指數降低，顯示市場上大多數的投資人認為大盤的變動將趨於和緩。

例如：當某一檔選擇權在某段時間內的交易價格在 20 ～ 50 元間，我們就可以說，它的波動性比起另一檔在同時段內的交易價格在 25 ～ 30 元之間的選擇權大。

有了這樣的基本概念，投資朋友就可以藉由觀察波動率指數的變化，作為交易及避險操作策略之參考。

HV 和 IV 有什麼不一樣？

可以作為制定操作策略之參考的波動率，有歷史波動率（Historical Volatility，HV）跟隱含波動率（Implied Volatility，IV）。所謂的歷史波動率，是用來觀察標的物在過去某一段時間（已成為「歷史」了）的價格變動情況。如果過去某一段時間的行情走勢是盤整，那麼它的歷史波動率會越來越小；相反的，如果過去某一段時間的行情有比較大的起伏變化—不管是大漲還是大跌，那麼歷史波動率就會越來越大。

那麼要怎麼看待歷史波動率呢？我們可以選擇權的歷史波動率「相對值」來參看這個數值。例如，當過去 60 天內的

平均歷史波動率為 30%，但最近 10 天的歷史波動率，卻跳升為 55%，這表示，市場最近短期的波動率高於過去的平均水準。當市場的歷史波動率上升或高於以往常態性的平均值時，表示市場近期正面臨某些事件，或者，投資人對於市場未來前景有些擔憂，操作時，必須更加謹慎。一旦近期的歷史波動率逐步下降，或者低於以往的歷史波動率，表示市場投資情緒漸趨平穩，不確定性應該已經陸續消除了。但，是不是可以歷史波動率較低，就作為加碼的依據呢？歷史波動率僅僅是說明過去一段時間的波動狀況，如果用來作為投資決策的唯一考量，就好像有人形容是看著後照鏡開車一樣危險。簡單來講，過去表現如何，不能夠用以複製到未來；尤其在波動大的時候，歷史波動率指數更是參考性大於實用性。

那還有什麼指數，可用以瞭解當下的波動情況呢？是「隱含波動率」，因為它更能反映市場即時的波動狀況。以下，我們來看看如何運用隱含波動率，作為加減碼的依據。

有別於歷史波動率是著眼於「過去」，隱含波動率（Implied Volatility，IV），則是用來預測標的物在「未來」某一段時間的價格變動情況；根據隱含波動率的大小，就可用以推測，市場上多數投資人對於那一檔選擇權標的物未來的價格走勢，是盤整、還是向兩邊（漲或跌並不一定）噴出？一個要領是，當隱含波動率越高，就表示標的物的波動程度越高、價格震盪將會越是劇烈；但是，並沒有辦法藉此預測未來的走向。所謂的「高波動率」，只是透露出市場上大多數的投資人擔心，接下來這檔標的物的價格會有「較大的」波動而已，並沒有辦法知道，是會上漲還是會下跌。同樣的道理，「低波動率」，也只是意味著，往後一段時間，這檔標的物的價格不會發生大區間的起伏，或是，往後一段時間，不至於會有黑天鵝等不可預測的變化干擾市場而已。

至於隱含波動率數值如何計算而得？則是根據當前（某一時刻）市場上選擇權「權利金」的成交價「回推」計算而

得。而我們都知道「權利金」的成交價，是由買賣雙方研判未來行情之後而得到的「共識」（一個願買，一個願賣）；所以，「隱含波動率」會更接近「當下」該標的物真實的「波動」情形（也就是投資人真實的反應）。而在學理上，也證實「隱含波動率」較諸於「歷史波動率」對於未來行情的走勢，更有解釋能力。

實務上，個股或大盤指數在一年中的波動程度，大約會落在 20% ～ 60%，因此，如果算出來的「隱含波動率」超過這個區間，則可以有該選擇權的市價過高或過低的推論。再以「歷史波動率」為輔，如果「隱含波動率」長時間（約為 4 ～ 7 個營業日）高於或低於「歷史波動率」，就透露出該選擇權有很大的機會向兩邊噴出（上漲或下跌）。因此，我們可以下一個簡單的結論：在其他條件不變之下，如果權利金越高，「隱含波動率」就會越高；權利金越低，表示「隱含波動率」就會越低。

接下來，我們來看看，應該怎麼使用歷史波動率及隱含波動率來判斷目前市場上的選擇權價格是高估還是低估？我們將以大多數投資朋友比較有操作經驗的選擇權「分身」一權證，來說明。

假設某一檔 A 公司的權證（權證其實就是買進買權或買進賣權，在第三天第四小時我們會有專章說明）目前的市價是 5 元，而同一個時間點，A 公司的股價是 100 元。那目前權證的價格 5 元是偏貴還是偏便宜呢？

● **步驟一**：透過歷史波動率計算理論值。假設 A 公司過去一季每週的股價波動率平均值是 30%，以此算出來的理論價格是 7 元，就表示，目前的市價 5 元低於理論值 7 元，算是便宜了。

● **步驟二**：透過權證的市價回推隱含波動率。以目前權證的市價 5 元去回推 A 公司股價的隱含波動率，假設算出來是 40%，這代表市場認為未來一個月（假設一

個月之後到期）A公司的股價波動程度是40%；接著，投資人再用這40%，去看看現在市場的成交價5元是否合理？

　　至於選擇權的理論價格、波動率指數的計算方式，相對較為複雜，讀者朋友如果有興趣研究，可以參考期交所的官方網站說明，或者按照官方網站試算器上各欄位的說明，逐一填入，也可以得到「理論價格」跟「隱含波動率」的數值。

歐式選擇權理論價格計算方式

選擇權理論價格計算

歐式選擇權理論價格計算方式

標的指數現貨價格(必填)	輸入臺灣證券交易所發行量加權股價指數(大盤指數)目前的價位(任意數值)	
履約價格(必填)	輸入欲計算之選擇權契約之履約價格(任意數值)	
波動率(必填)	輸入現貨指數之年波動率，此一數字須由使用者自行估計，一般可使用歷史波動率	%
無風險利率(必填)	輸入無風險年利率，一般可用銀行定存利率或商業本票之利率。(0~100間的數值)	%
現金股利率(必填)	輸入大盤指數之年現金股利率。(0~100間的數值)	%

| 存續期間(必填) | ● 到期月 | 202310W1 ∨ | 0.012 |
| | ○ 存續期 | 輸入存續期營業天數(或年 | 年 ∨ |

[計算理論價格] [計算隱含波動率]

買權	賣權
Call	Put
0	0

一、理論價格之計算：

輸入下列欄位之數字後，按下「計算理論價格」按鍵，即可顯示買權與賣權之理論價格。

1. 標的指數現貨價格：
輸入臺灣證券交易所發行量加權股價指數(大盤指數)目前的價位。

2. 履約價格：
輸入欲計算之選擇權契約之履約價格。

3. 波動率：
輸入現貨指數之年波動率，此一數字須由使用者自行估計，一般可使用歷史波動率。

4. 無風險利率：
輸入無風險年利率，一般可用銀行定存利率或商業本票之利率。

5. 現金股利率：輸入大盤指數之年現金股利率。

6. 存續期間：
可選擇輸入欲計算之到期月份，由系統依目前之日期及到期日自動計算存續期間，或可直接輸入存續之營業天數。(或年數)。

二、隱含波動率之計算：

如欲計算隱含波動率，則按下「計算隱含波動率」按鍵，會出現一個小視窗，點選欲計算的契約為買權或賣權，輸入權利金的市價，再按下「計算」鍵，即可依據前面輸入的現貨指數、履約價格、無風險利率、現金股利率及存續期間等參數估計算其隱含波動率。

注意：本計算公式係依據Black & Scholes之選擇權評價模型，計算結果僅供參考，並不代表真實價格。交易人從事選擇權之交易時，除參考理論價格外，仍應考量市場之各項因素以兹判斷，與本公司無涉。如對本網頁有任何問題或意見，歡迎E-mail至 service@taifex.com.tw 洽詢。

資料來源：臺灣期貨交易所
https://www.taifex.com.tw/cht/9/calOptPrice

歐式選擇權理論價格計算方式

臺指選擇權波動率指數

時間	波動率
13:45:00	13.93
13:44:45	13.94
13:44:30	13.94
13:44:15	13.94
13:44:00	13.94
13:43:45	13.94
13:43:30	13.93
13:43:15	13.92

資料來源：臺灣期貨交易所
https://mis.taifex.com.tw/futures/VolatilityQuotes/

INfo 隱含波動率 vs. 歷史波動率

兩者最大的差異：
歷史波動率：以過去一段時間的價格波動程度（波動率），來評估現在選擇權／權證的價格是否合理。（波動率推算價格）
隱含波動率：以目前最新的（市場成交的）選擇權／權證價格，套入選擇權的定價模型，回推隱含波動率高低，瞭解投資人對未來價格波動率的看法。（價格推算波動率）

這些希臘字母透露價格變動的方向

Q 在學習如何操作選擇權時，常常會看到許多希臘字母，那麼，這些希臘字母（δ-delta、γ-gamma、θ-theta、ν-vega 和 ρ-rho）又分別代表什麼意義呢？

A 既然想要分析並管控選擇權的交易風險，那麼，就得要先瞭解，有哪些因素會影響到選擇權的價格？又是如何影響？跟標的資產價格、標的資產的波動率、執行價格、到期時間、利率等因素又有何關連？想要分析前面這幾個因素、並將之量化，會用幾個希臘字母（Greeks）來表示選擇權價格會隨著上述關鍵因素變化的敏感程度；也是法人機構在選擇權交易中，重要的風險管理指標。

⭐ δ － delta 值：當標的資產（股票價格或者指數等）變動一單位，預期選擇權價格會跟著變動的數值

- **a. 意義：**是指「當標的資產（股票價格或者指數等）變動一單位，預期選擇權價格會跟著變動的數值」。

- **b. 判斷方式：**

  對買權而言，delta 值會介於 0 與 1 之間。當價內程度越高，則 delta 值會越接近 1。在價平附近，則 delta 值會接近 0.5。當價外程度越高，delta 值會越接近 0。

  對賣權而言，delta 值會介於 0 與 -1 之間。當價內程度愈高，則 delta 值會越接近 -1。在價平附近，則 delta 值會接近 -0.5。當價外程度愈高，delta 值會越接近 0。

- **小結：**無論是買權或是賣權，delta 值都是一種對於選擇權價格未來變動幅度大小的判斷數值。越是（深度）價內的合約，其價格會隨著指數或現貨變動的幅度會越大；越是（深度）價外的合約，變動會很小，甚至趨近於 0。如果選擇權實際變動的價格與 delta 值不符，很可能表示，目前選擇權的價格有支撐（所以跌不下去）或是有壓力（所以漲不上去）。

- **c. 範例：**

  假設今天履約價為 16800 的買權收盤所計算出的 delta 值為 0.5，這代表，如果明天大盤收盤時上漲 1 點，那麼買權的權利金價格該會上漲 0.5 點；而若大盤下跌 1 點，則此買權的權利金價格應該會下跌 0.5 點。另假設同一賣權的 delta 值為 -0.5，則在上述兩種大盤漲跌的情況下，此賣權權利金價格會分別下跌 0.5 點與上升 0.5 點。

  另外，delta 還有一個功能，就是會透露出，某一選擇權會成為「價內」的機率有多少？換句話說，就是持有的這口選擇權，若有越大的 delta 值，那麼到了履約那天，越有

機會被履約。所以，delta 值也可以看成，持有這檔選擇權將
會被履約的機率；也就是，未來可以履約（價內履約才有價
值）的「勝率」有多少？

　　舉例而言，如果投資人選擇「賣出」delta = 0.2 的買權
call，表示這口 call 將有「20%」的機率會是在價內、「80%」
的機率會是在價外；因為我們是擔任「賣方」，所以，勝率
就是 80%。

- 價平（ATM）的 call，delta 是 0.50。
- 價外（OTM）的 call，delta 會變小。
- 價內（ITM）的 call，delta 會變大。

- delta 可以用來預測，選擇權到期時，進入價內
  （ITM）的機率。

Delta	進入 ITM 機率
0.75	75%
0.50	50%
0.25	25%

☆ γ － gamma 值：當標的資產（股票價格或者指
數等）變動一單位，預期 delta 值會跟著變動的數
值

- **a. 意義**：是指「當標的資產（股票價格或者指數等）
  變動一單位，預期 delta 值會跟著變動的數值」。

- **b. 判斷方式**：用來衡量 delta 的敏感度，也就是當標
  的資產變動時， delta 數值變動的大小。換句話說，
  gamma 是標的資產（股票價格或者指數等）變動對
  delta 的影響；也就是標的資產（股票價格或者指數等）

變動，對選擇權價格影響的「加速度」。

●**c.範例：**以某一標的買權 call 來說，當到期日一樣時，價平（ATM）的 call 擁有最高的 gamma 值；當履約價離市價越遠，那麼 gamma 值會越低。

距到期日	gamma
35 天	1.15
5 天	3.35

　　從上表可知，當選擇權快要到期時（例如上表的 5 天），gamma 會讓 delta 對選擇權價值的影響越來越大（從 1.15 變化到 3.35），因此，股價只要有一點的波動，就會有很大的獲利或虧損。

- 價平（ATM）的 call 擁有最高的 gamma 值。
- 履約價離市價越遠，gamma 值會越低。
- 有同樣履約價的選擇權，如果離到期日越近，gamma 值將會越高。

☆ θ－theta 值：衡量選擇權的權利金（裡面的「時間價值」），會如何隨著時間的流逝（越來越接近到期日，所以交易天數會越來越少）而耗損的速度數值。

●**a.意義：**是指「當時間越來越接近到期日，每經過一天，選擇權時間價值流失的速度。」也就是交易天數改變時（變少），選擇權權利金的變化。

●**b.判斷方式：**時間每經過一天，選擇權的權利金會因而下降 theta 單位。theta 負的「數值越大」，選擇權

的價格受到選擇權到期日逼近的影響也就「越大」。

● **c. 範例：** 如果某一臺指選擇權的 theta 值為 -30，表示該選擇權每經過一天（距離到期日，就更接近一天），該選擇權的價值就會減少 30 點。可以寫成：16800 PUT theta = -30，表示明天（距離到期日再更接近一天）16800PUT 的權利金就因此會減少 30 點。

☆ ⱱ － vega 值：衡量「隱含波動率」的改變，對於選擇權價格改變的影響程度

● **a. 意義：** 是指「當選擇權標的物價格每變動一單位，會對選擇權的價格造成多大的影響。」

● **b. 判斷方式：** 標的資產的年化「隱含波動率」每上漲 1%，選擇權的權利金會上漲 vega 單位。

● **c. 範例：** 如果 vega = 6.88 表示標的物的「隱含波動率」每上漲 1%，該選擇權的權利金價格就會上漲 6.88%

重點 ▶

• 同一到期日卻有不同的履約價，那麼「價平」選擇權履約價的 vega 最高；這表示，「價平」選擇權的權利金受到「隱含波動率」的影響最大。

• 越「遠月」的選擇權，其 vega 值也越大。因此，若想操作「遠月」選擇權的「賣方」策略，除了要注意「流動性不佳」（成交量很少）的問題之外，一旦面臨「隱含波動率」飆漲，其虧損程度，也較「近月」的賣方部位更為巨大。

☆ ρ － rho 值：衡量選擇權價格對於「無風險利率」（定存利率）變化的敏感程度

● **a. 意義：** 是指「當無風險利率（定存利率）每變動一單位（可能是升息、可能是降息），會對選擇權的價

格造成多大的影響。」

● **b. 判斷方式：**買權的 rho 為正，賣權的 rho 為負。

● **c. 範例：**當其他條件不變時，無風險利率下降會導致
「買權」的價格下降、「賣權」的價格上升；無風險
利率上升會導致「買權」的價格上升、「賣權」的價
格下降。

- 買權 rho 為正，賣權的 rho 為負
- 央行升、降息對選擇權價格的淨影響是不確定的。
  因為央行升、降息，不僅會影響「無風險利率」，
  還會影響其他因素，因此，央行升、降息之後，還
  是得要對各因素逐項討論，才能知道其淨影響結果

我們可以將前述希臘字母及其含義整理如下表：

希臘字母名稱	符號	含義
Delta	δ	「標的物」價格變化對選擇權價格的影響程度
Gamma	γ	「標的物」價格變化對 delta 值的影響程度
Theta	θ	「時間」流逝對選擇權價格的影響程度
Vega	ν	「隱含波動率」變化對選擇權價格的影響程度
Rho	ρ	「無風險利率」變化對選擇權價格的影響程度

課後心得
重點整理

上場交易前，先來拜碼頭

臺灣期貨交易所網站

就跟交易股票、權證、ETF 等金融商品一樣，想要增加勝算，除了精進自己在這項金融商品的相關知識、以及技術之外，得要有即時且正確的工具可以運用。所謂「工欲善其事、必先利其器」，對於交易選擇權的「器」是什麼呢？就是交易人一定要知道的－臺灣期貨交易所網站（網址：https://www.taifex.com.tw/cht/2/tXO）

臺灣期貨交易所，既是交易所，也是主管機關；所以，在交易所的官方網站中，除了有提供給期貨業者相關的制度、法規、表單及業務統計等資料之外，也有針對投資人提供商品簡介、交易資訊以及交易投資人服務與保護機制等資訊。投資朋友在交易之前，可以先上這個官方網站了解更多細部的遊戲規則。例如，先上網搜尋一下，你打算交易的「臺指選擇權（臺指買權、臺指賣權）」的契約規格，上面會明白的告訴你，履約型態，是「歐式」（所以，你只能在到期日履約）。同樣的，電子選擇權（電子買權、電子賣權）、金融選擇權（金融買權、金融賣權）的履約型態，也都是「歐式」。

另外，要怎麼計算你的損益？所謂價差「一點」又是值多少呢？這時候，必須要看到「契約乘數」這一列，會告訴你，所謂的「一點」，在「臺指選擇權（臺指買權、臺指賣權）」，指數是每點「新臺幣 50 元」；但是，在「電子選擇權（電子買權、電子賣權）」，指數每點是「新臺幣 1000 元」；「金融選擇權（金融買權、金融賣權）」，指數每點則是「新臺幣 250 元」。知道每一點的價值之後，才能夠知道自己這一筆交易，是賺賠多少錢？

接下來是，有關「到期契約」、「到期月份」這一列。在「臺指選擇權」部分，「到期契約」的文字是：「自交易當月起連續 3 個月份，另加上 3 月、6 月、9 月、12 月中 2 個接續的季月，另除每月第 1 個星期三外，得於交易當週之星期三一般交易時段加掛次二週之星期三到期之契約」以及：「新到期月份契約於到期契約最

臺灣期貨交易所股份有限公司
「臺灣證券交易所股價指數選擇權契約規格」

項目	內容
交易標的	臺灣證券交易所發行量加權股價指數
中文簡稱	臺指選擇權(臺指買權、臺指賣權)
英文代碼	TXO
履約型態	歐式(僅能於到期日行使權利)
契約乘數	指數每點新臺幣50元
到期契約	● 自交易當月起連續3個月份,另加上3月、6月、9月、12月中2個接續的季月,另除每月第1個星期三外,得於交易當週之星期三一般交易時段加掛次二週之星期三到期之契約 ● 新到期月份契約於到期契約最後交易日之次一營業日一般交易時段起開始交易
履約價格間距	● 履約價格未達3,000點:近月契約為50點,季月契約為100點 ● 履約價格3,000點以上:近月契約為100點,季月契約為200點 ● 交易當週星期三加掛次二週星期三到期之契約,其履約價格間距同近月契約 ● 各契約自到期日前二週之星期三起,於前一營業日標的指數收盤價上下3%間,履約價格間距為近月契約之二分之一
契約序列	新契約掛牌時及契約存續期間,以前一營業日標的指數收盤價為基準,於一般交易時段依履約價格間距,向上及向下連續推出不同之履約價格契約至滿足下列條件為止: 1. 交易當週星期三加掛次二週星期三到期之契約,最高及最低履約價格涵蓋基準指數之上下10% 2. 交易月份起之3個連續近月契約,最高及最低履約價格涵蓋基準指數之上下15% 3. 接續之2個季月契約,最高及最低履約價格涵蓋基準指數之上下20%
權利金報價單位	● 報價未滿10點:0.1點(5元) ● 報價10點以上,未滿50點:0.5點(25元) ● 報價50點以上,未滿500點:1點(50元) ● 報價500點以上,未滿1,000點:5點(250元) ● 報價1,000點以上:10點(500元)
漲跌幅限制	各交易時段權利金最大漲跌點數以最近之臺灣證券交易所發行量加權股價指數收盤價之百分之十為限

資料來源:臺灣期貨交易所

後交易日之次一營業日一般交易時段起開始交易」。這是說,原本「臺指選擇權契約」可以交易的月份,是「交易當月起的連續三個近月,再加上接續的兩個季月」,而各契約的最後交易日,則是在「交割月份」的第三個

項目	內容
交易標的	臺灣證券交易所電子類發行量加權股價指數
中文簡稱	電子選擇權(電子買權、電子賣權)
英文代碼	TEO
履約型態	歐式(僅能於到期日行使權利)
契約乘數	指數每點新臺幣1000元
到期月份	自交易當月起連續3個月份,總共有3個月份的契約在市場交易
履約價格間距	• 履約價格未達150點:最近月契約為0.5點,接續之2個近月契約為2.5點 • 履約價格150點以上,未達500點:最近月契約為2.5點,接續之2個近月契約為5點 • 履約價格500點以上:最近月契約為5點,接續之2個近月契約為10點
契約序列	新到期月份契約掛牌時及契約存續期間,以前一營業日標的指數收盤價為基準,依履約價格間距,向上及向下連續推出不同之履約價格契約,至滿足交易月份起之3個連續近月契約,最高及最低履約價格涵蓋基準指數之上下15%
權利金報價單位	• 報價未滿0.5點:0.005點(5元) • 報價0.5點以上,未滿2.5點:0.025點(25元) • 報價2.5點以上,未滿25點:0.05點(50元) • 報價25點以上,未滿50點:0.25點(250元) • 報價50點以上:0.50點(500元)
每日漲跌幅	權利金每日最大漲跌點數以前一營業日臺灣證券交易所電子類發行量加權股價指數收盤價之10%為限

資料來源:臺灣期貨交易所

星期三。現在,臺指選擇權除「近月」及「季月」到期契約(所以,總共有五個合約可以交易)外,「另除每月第1個星期三外,得於交易當週之星期三,一般交易時段加掛次二週之星期三到期之契約」,也就是,再加掛一週到期的契約;而一週到期契約,則是在每週星期三掛出「下一個」星期三到期的契約。(註:期交所已於2022年11月起,將「週選」改成「雙週選」。市場稱為:雙週選擇權)

我們來舉例說明:

下表,是臺灣期貨交易所提供的行事曆。由表中可知,2023年,各月的交易結算日期分別為:1/18、2/15、3/15、4/19、5/17、6/21、7/19、8/16、9/13、10/18、11/15 及 12/20;而這些日期也是每個月期貨的結算日

臺灣期貨交易所股份有限公司
「臺灣證券交易所金融保險類股價指數選擇權契約規格」

項目	內容
交易標的	臺灣證券交易所金融保險類發行量加權股價指數
中文簡稱	金融選擇權(金融買權、金融賣權)
英文代碼	TFO
履約型態	歐式(僅能於到期日行使權利)
契約乘數	指數每點新臺幣250元
到期月份	自交易當月起連續3個月份,總共有3個月份的契約在市場交易
履約價格間距	• 履約價格未達600點:最近月契約為5點,接續之2個近月契約為10點 • 履約價格600點以上,未達2,000點:最近月契約為10點,接續之2個近月契約為20點 • 履約價格2,000點以上:最近月契約為20點,接續之2個近月契約為40點
契約序列	新到期月份契約掛牌時及契約存續期間,以前一營業日標的指數收盤價為基準,依履約價格間距,向上及向下連續推出不同之履約價格契約,至滿足交易月份起之3個連續近月契約,最高及最低履約價格涵蓋基準指數之上下15%
權利金報價單位	• 報價未滿2點:0.02點(5元) • 報價2點以上,未滿10點:0.1點(25元) • 報價10點以上,未滿100點:0.2點(50元) • 報價100點以上,未滿200點:1點(250元) • 報價200點以上:2點(500元)
每日漲跌幅	權利金每日最大漲跌點數以前一營業日臺灣證券交易所金融保險類發行量加權股價指數收盤價之10%為限

資料來源:臺灣期貨交易所

(大臺與小臺)。因此,投資朋友要先記住關鍵字:每個月的「第三個」星期三,都是股價指數選擇權、及股票選擇權契約的「最後交易日」。

另外,還要提醒投資朋友注意的是,選擇權的「結算價」是按照「大盤」的指數,也就是加權指數進行計算,而不是看「期貨」的指數。並且所有買入跟賣出的「雙週選擇權」合約,都要在星期三進行結算;而「月選擇權」合約則是在當月第三週的星期三進行結算。

關於報價方式,期交所、還有一般券商都會用「年份+月份」,並且在結尾加上「W」來表示。例如(2024+07+W2)表示雙週選擇權,W後方的數字表示將於該月的第幾個星期三進行結算。

中華民國112年行事曆

一　月

日	一	二	三	四	五	六
1	2	3	4	5	6	7
初十	十一	十二	十三	小寒	十五	十六
8	9	10	11	12	13	14
十七	十八	十九	二十	廿一	廿二	廿三
15	16	17	18	19	20	21
廿四	廿五	廿六	廿七	廿八	大寒	三十
22	23	24	25	26	27	28
正月小	初二	初三	初四	初五	初六	初七
29	30	31				
初八	初九	初十				

二　月

日	一	二	三	四	五	六
			1	2	3	4
			十一	十二	十三	立春
5	6	7	8	9	10	11
十五	十六	十七	十八	十九	二十	廿一
12	13	14	15	16	17	18
廿二	廿三	廿四	廿五	廿六	廿七	廿八
19	20	21	22	23	24	25
雨水	二月大	初二	初三	初四	初五	初六
26	27	28				
初七	初八	初九				

三　月

日	一	二	三	四	五	六
			1	2	3	4
			初十	十一	十二	十三
5	6	7	8	9	10	11
十四	驚蟄	十六	十七	十八	十九	二十
12	13	14	15	16	17	18
廿一	廿二	廿三	廿四	廿五	廿六	廿七
19	20	21	22	23	24	25
廿八	廿九	春分	閏二月	初二	初三	初四
26	27	28	29	30	31	
初五	初六	初七	初八	初九	初十	

四　月

日	一	二	三	四	五	六
						1
						十一
2	3	4	5	6	7	8
十二	十三	兒童節	清明	十六	十七	十八
9	10	11	12	13	14	15
十九	二十	廿一	廿二	廿三	廿四	廿五
16	17	18	19	20	21	22
廿六	廿七	廿八	廿九	穀雨	初二	初三
23	24	25	26	27	28	29
初四	初五	初六	初七	初八	初九	初十
30						
十一						

五　月

日	一	二	三	四	五	六
	1	2	3	4	5	6
	十二	十三	十四	十五	十六	立夏
7	8	9	10	11	12	13
十八	十九	二十	廿一	廿二	廿三	廿四
14	15	16	17	18	19	20
廿五	廿六	廿七	廿八	廿九	四月大	初二
21	22	23	24	25	26	27
小滿	初四	初五	初六	初七	初八	初九
28	29	30	31			
初十	十一	十二	十三			

六　月

日	一	二	三	四	五	六
				1	2	3
				十四	十五	十六
4	5	6	7	8	9	10
十七	十八	芒種	二十	廿一	廿二	廿三
11	12	13	14	15	16	17
廿四	廿五	廿六	廿七	廿八	廿九	三十
18	19	20	21	22	23	24
五月大	初二	初三	夏至	端午節	初六	初七
25	26	27	28	29	30	
初八	初九	初十	十一	十二	十三	

七　月

日	一	二	三	四	五	六
						1
						十四
2	3	4	5	6	7	8
十五	十六	十七	十八	十九	小暑	廿一
9	10	11	12	13	14	15
廿二	廿三	廿四	廿五	廿六	廿七	廿八
16	17	18	19	20	21	22
廿九	三十	六月小	初二	初三	初四	初五
23	24	25	26	27	28	29
大暑	初七	初八	初九	初十	十一	十二
30	31					
十三	十四					

八　月

日	一	二	三	四	五	六
		1	2	3	4	5
		十五	十六	十七	十八	十九
6	7	8	9	10	11	12
二十	廿一	立秋	廿三	廿四	廿五	廿六
13	14	15	16	17	18	19
廿七	廿八	廿九	七月大	初二	初三	初四
20	21	22	23	24	25	26
初五	初六	初七	處暑	初九	初十	十一
27	28	29	30	31		
十二	十三	十四	十五	十六		

九　月

日	一	二	三	四	五	六
					1	2
					十七	十八
3	4	5	6	7	8	9
十九	二十	廿一	廿二	廿三	白露	廿五
10	11	12	13	14	15	16
廿六	廿七	廿八	廿九	八月大	初二	初三
17	18	19	20	21	22	23
初三	初四	初五	初六	初七	初八	秋分
24	25	26	27	28	29	30
初十	十一	十二	十三	十四	中秋節	十六

十　月

日	一	二	三	四	五	六
1	2	3	4	5	6	7
十七	十八	十九	二十	廿一	廿二	廿三
8	9	10	11	12	13	14
寒露	廿五	廿六	廿七	廿八	廿九	三十
15	16	17	18	19	20	21
九月小	初二	初三	初四	初五	初六	初七
22	23	24	25	26	27	28
初八	初九	霜降	十一	十二	十三	十四
29	30	31				
十五	十六	十七				

十一　月

日	一	二	三	四	五	六
			1	2	3	4
			十八	十九	二十	廿一
5	6	7	8	9	10	11
廿二	廿三	廿四	立冬	廿六	廿七	廿八
12	13	14	15	16	17	18
廿九	十月大	初二	初三	初四	初五	初六
19	20	21	22	23	24	25
初七	初八	初九	小雪	十一	十二	十三
26	27	28	29	30		
十四	十五	十六	十七	十八		

十二　月

日	一	二	三	四	五	六
					1	2
					十九	二十
3	4	5	6	7	8	9
廿一	廿二	廿三	廿四	大雪	廿六	廿七
10	11	12	13	14	15	16
廿八	廿九	三十	十一月小	初二	初三	初四
17	18	19	20	21	22	23
初五	初六	初七	初八	初九	冬至	十一
24	25	26	27	28	29	30
十二	十三	十四	十五	十六	十七	十八
31						
十九						

本表僅供參考，實際最後交易日仍以各契約交易規則為準

資料來源：臺灣期貨交易所
注意：本表僅供參考，實際最後交易日仍以各契約交易規則為準
https://www.taifex.com.tw/file/taifex/CHINESE/4/2023Calendar_cv1.pdf

重點小整理：

❶ 選擇權結算日是指選擇權的最終交易日，當天會進行選擇權結算與選擇權合約的交易。
❷ 選擇權合約分為「雙週選擇權」與「月選擇權」。期交所已於 2022 年 11 月將「週選」改成「雙週選」。
❸ 須留意選擇權結算價是依照大盤點數進行計算，也就是加權指數進行計算，而不是看「期貨」，並且所有買入、賣出的「雙週選擇權」合約是每 14 天結算一次，結算日是每個月的星期三。而「月選擇權」合約則是在當月第三週的星期三進行結算。
❹ 券商會用年份＋月份並於結尾加上 W（2024 ＋ 01 ＋ W2）表示雙週選，W 後方的數字表示將於該月的第幾個星期三進行結算。

如果你想查詢各個月份的最後結算日是 哪一天？結算的指數是幾點？ 也可以上期交所的網站查詢。如同下表所示。

✓ 臺指選擇權(TXO)	✓ 電子選擇權(TEO)	✓ 金融選擇權(TFO)
✓ MSCI臺指選擇權(MSO)	✓ 非金電選擇權(XIO)	✓ 櫃買選擇權 (GTO)
✓ 全部		

契約起始年月　　　　契約迄年月
2022 ✓ 年 04 ✓ 月　　2023 ✓ 年 04 ✓ 月　　　**送出查詢**

最後 結算日	契約 月份	臺指選擇權 （TXO）	電子選擇權 （TEO）	金融選擇權 （TFO）
2023/04/19	202304	15775	738.7	1559.2
2023/04/12	202304W2	15932	-	-
2023/04/06	202304W1	15795	-	-
2023/03/29	202303W5	15749	-	-
2023/03/22	202303W4	15744	-	-
2023/03/15	202303	15405	726.85	1505.8
2023/03/08	202303W2	15811	-	-
2023/03/01	202303W1	15593	-	-
2023/02/22	202302W4	15433	-	-
2023/02/15	202302	15398	723.15	1557
2023/02/08	202302W2	15615	-	-
2023/02/01	202302W1	15359	-	-
2023/01/30	202301	15450	725.75	1570
2023/01/11	202301W2	14753	-	-
2023/01/04	202301W1	14223	-	-

https://www.taifex.com.tw/cht/5/optIndxFSP

由於選擇權價格的計算方式相對複雜，投資朋友常常會有這樣的喟嘆：現在可以交易的各種選擇權契約的「價格」應該是多少才合理呢？為此，臺灣期貨交易所官網也有提供試算的功能。

在該網頁中，有提供幾個必填的欄位，投資朋友只要循序漸進的，按照欄位的提示、或者按照投資朋友對於大盤的預測等，將相關數字填入，就可以得出你想投資的當下，應該有的「理論價格」或「隱含波動率」了。而有關的名詞解釋，可以參看第一天各單元的解釋。

資料來源：臺灣期貨交易所

除了「指數選擇權」之外，臺灣期貨交易所還有「個股選擇權」可供交易。交易規則跟指數選擇權類似，但是跟股票交易不一樣的地方在於，股票交易的一單位，指的是「1000股」，但是「個股選擇權」的契約單位則是「2000股」。而標的證券為指數股票型證券投資信託基金（ETF選擇權）的契約單位則是為「10,000」個受益權單位。

資料來源：臺灣期貨交易所

股票期貨、選擇權商品代碼	標的證券	證券代號	標的證券簡稱	是否為股票期貨標的	是否為股票選擇權標的	上市普通股標的證券	上櫃普通股標的證券	上市ETF標的證券	標準型證券股數
CA	南亞塑膠工業股份有限公司	1303	南亞	●	●	◎			2000
CB	中國鋼鐵股份有限公司	2002	中鋼	●	●	◎			2000
CC	聯華電子股份有限公司	2303	聯電	●	●	◎			2000
CD	台灣積體電路製造股份有限公司	2330	台積電	●	●	◎			2000
CE	富邦金融控股股份有限公司	2881	富邦金	●	●	◎			2000
CF	台灣塑膠工業股份有限公司	1301	台塑	●	●	◎			2000
CG	仁寶電腦工業股份有限公司	2324	仁寶	●	●	◎			2000
CH	友達光電股份有限公司	2409	友達	●	●	◎			2000
CJ	華南金融控股股份有限公司	2880	華南金	●	●	◎			2000
CK	國泰金融控股股份有限公司	2882	國泰金	●	●	◎			2000

個股期貨報價　　　　　　　　　　本頁表格內容中所有的實心圖形(如：●)與雙圈圓形(如：◎)符號，皆代表「是」

類型：個股選擇權

註：最新更新(生效)日期：2023年3月31日。

https://www.taifex.com.tw/cht/2/stockLists

類型： ETF選擇權

ETF選擇權報價　　　　　　　　　　本頁表格內容中所有的實心圖形(如:●)與雙圈圖形(如:◎)符號,皆代表「是」

股票期貨、選擇權商品代碼	標的證券	證券代號	標的證券簡稱	是否為股票期貨標的	是否為股票選擇權標的	上市普通股標的證券	上櫃普通股標的證券	上市ETF標的證券	標準型證券避險股數
NY	元大台灣卓越50證券投資信託基金	0050	元大台灣50ETF	●	●			◎	10000
OA	富邦上証180證券投資信託基金	006205	富邦上証ETF	●	●			◎	10000
OB	元大中國中型證券投資信託基金之上証50證券投資信託基金	006206	元大上証50ETF	●	●			◎	10000
OJ	國泰富時中國A50證券投資信託基金	00636	國泰中國A50ETF	●	●			◎	10000
OK	富邦深証100證券投資信託基金	00639	富邦深100ETF	●	●			◎	10000
OO	群益深証中小板證券投資信託基金	00643	群益深証中小ETF	●	●			◎	10000

https://www.taifex.com.tw/cht/2/stockLists

　　以上所說的這些交易的重點，都會在臺灣期貨交易所的官方網站揭露出來；然而這些交易規則，並不是一成不變的，因為市場情勢多變，臺灣期貨交易所會因應市況而機動調整契約內容。所以，即便你現在看到的交易規則，也很有可能在隔天就又調整改變了。建議投資朋友在交易之前，應該先行上網了解相關商品的細節，避免因為一時的習以為常，而誤以為你所下的交易策略將會為你帶來報酬，而不明不白的丟失權利金，那就悔恨莫及了！

第 2 天
課程開始！

觀念篇

交易篇

實戰運用篇

第2天

選擇權的商品——
交易前須具備的商品知識

預估情勢，搭配策略，可以提高報酬率

第 **1** 小時　只要對大盤後勢有看法，不管是大漲、小漲；大跌、小跌，都有對應的策略

第 **2** 小時　可以提供更高利潤的契機，或者是避免虧太多的風險

第 **3** 小時　【外匯及利率選擇權的應用】升、降息；升、貶值估不準？雙率選擇權提供規避風險的選擇！

第 **4** 小時　想要嘗鮮、品新奇之前，先學會解讀公開說明書

只要對大盤後勢有看法，不管是大漲、小漲；大跌、小跌，都有對應的策略

買賣股票，只有看漲跟看跌，但是，選擇權的交易策略，卻有大漲、小漲、大跌、小跌，甚至於不同的漲跌幅度可以選。學會看盤，多空都可以賺！

單元重點

· 上路前的導航設備──交易「臺指選擇權」必須要知道的基礎知識
· 看大漲──買進買權
· 看大跌──買進賣權
· 上檔有壓力，覺得短期衝關不易──賣出買權
· 下檔有支撐，覺得短期不易跌破──賣出賣權

上路前的導航設備──交易「臺指選擇權」必須要知道的基礎知識

Q 選擇權商品的多樣性，常常讓人目不暇給。其中，交投比較熱絡而且容易上手的，會是哪一種呢？

A 就如同股票、基金、ETF 等常見的金融商品一樣，任何一種金融商品，都有相對應的「遊戲規則」，以及挑選標的的基礎和專門知識。例如，挑選股票，有「基本分析」以及「技術分析」等（可以參考三天系列的專書《3 天搞懂財經資訊》、《3 天搞懂技術分析》）。在選擇權各項商品中，以指數為標的的選擇權，可以說是很多投資人初接觸選擇權的首選。一來，是只要先行學習並熟稔選擇權基礎交易中的四個策略，就可以跟著趨勢是走多或者走空而獲利；二來，就算是要更為精準地判斷行情的多空走勢，也只要先行學習

幾項重要的總體經濟指標判讀，即可掌握行情的大方向。相較於解析個股需要有的先備知識——會計學、財報分析等，以指數為標的的選擇權是更容易入門的。因此，本單元將先說明，在操作指數為標的的選擇權之基礎知識，讀者們懂得這些關鍵之後，將會有助於交易。

首先，我們以最常見的「臺指選擇權」為例，說明該商品的「規格」、交易可採用哪些策略，以及交易時應注意的事項等。

以下，是摘錄自「臺灣期貨交易所股份有限公司」的「臺灣證券交易所股價指數選擇權契約規格」。

臺灣期貨交易所股份有限公司
「臺灣證券交易所股價指數選擇權契約規格」

項目	內容
交易標的	臺灣證券交易所發行量加權股價指數
中文簡稱	臺指選擇權（臺指買權、臺指賣權）
英文代碼	TXO
履約型態	歐式（僅能於到期日行使權利）
契約乘數	指數每點新臺幣 50 元
到期契約	• 自交易當月起連續 3 個月份，另加上 3 月、6 月、9 月、12 月中 2 個接續的季月，另除每月第 1 個星期三外，得於交易當週之星期三一般交易時段加掛次二週之星期三到期之契約 • 新到期月份契約於到期契約最後交易日之次一營業日一般交易時段起開始交易
履約價格間距	• 履約價格未達 3,000 點：近月契約為 50 點，季月契約為 100 點 • 履約價格 3,000 點以上：近月契約為 100 點，季月契約為 200 點 • 交易當週星期三加掛次二週星期三到期之契約，其履約價格間距同近月契約 • 各契約自到期日前二週之星期三起，於前一營業日標的指數收盤價上下 3% 間，履約價格間距為近月契約之二分之一

下頁續

項目	內容
契約序列	新契約掛牌時及契約存續期間，以前一營業日標的指數收盤價為基準，於一般交易時段依履約價格間距，向上及向下連續推出不同之履約價格契約至滿足下列條件為止： 1. 交易當週星期三加掛次二週星期三到期之契約，最高及最低履約價格涵蓋基準指數之上下 10% 2. 交易月份起之 3 個連續近月契約，最高及最低履約價格涵蓋基準指數之上下 15% 3. 接續之 2 個季月契約，最高及最低履約價格涵蓋基準指數之上下 20%
權利金報價單位	• 報價未滿 10 點：0.1 點（5 元） • 報價 10 點以上，未滿 50 點：0.5 點（25 元） • 報價 50 點以上，未滿 500 點：1 點（50 元） • 報價 500 點以上，未滿 1,000 點：5 點（250 元） • 報價 1,000 點以上：10 點（500 元）
漲跌幅限制	**各交易時段權利金最大漲跌點數以最近之臺灣證券交易所發行量加權股價指數收盤價之百分之十為限**
部位限制	• 交易人於任何時間持有本契約同一方之未了結部位總和，不得逾本公司公告之限制標準 • 所謂同一方未沖銷部位，係指買進買權與賣出賣權之部位合計數，或賣出買權與買進賣權之部位合計數 • 法人機構基於避險需求得向本公司申請放寬部位限制 • 綜合帳戶，除免主動揭露個別交易人者適用法人部位限制外，持有部位不受本公司公告之部位限制
交易時間	• 本契約之交易日與臺灣證券交易所交易日相同 • 一般交易時段之交易時間為營業日上午 8:45～下午 1:45；到期契約最後交易日之交易時間為上午 8:45～下午 1:30 • 盤後交易時段之交易時間為營業日下午 3:00～次日上午 5:00；到期契約最後交易日無盤後交易時段
最後交易日	各月份契約的最後交易日為各該契約交割月份第 3 個星期三；交易當週星期三加掛之契約，其最後交易日為掛牌日次二週之星期三
到期日	同最後交易日
最後結算價	以到期日臺灣證券交易所當日交易時間收盤前三十分鐘內所提供標的指數之簡單算術平均價訂之。其計算方式，由本公司另訂之
交割方式	符合本公司公告範圍之未沖銷價內部位，於到期日當天自動履約，以現金交付或收受履約價格與最後結算價之差額

最後交易日若為假日或因不可抗力因素未能進行交易時，以其最近之次一營業日為最後交易日。（詳見臺灣證券交易所股價指數選擇權契約交易規則）

資料來源：臺灣期貨交易所

在「交易標的」欄中，對應的是「臺灣證券交易所發行量加權股價指數」。所以，我們可以簡單地說，投資人交易的商品，叫做「大盤的指數」；如果你把「大盤的指數」替換成「台積電」，可能會更容易理解些。當你認為「台積電」會上漲時，你會買進「台積電」；當你認為「台積電」會下跌時，你會賣出「台積電」。同樣的道理，當你認為「大盤的指數」（這項「商品」）會上漲時，你會買進「大盤的指數」（這項「商品」）；當你認為「大盤的指數」（這項「商品」）會下跌時，你會想要賣出「大盤的指數」（這項「商品」）。差別在於，在選擇權市場，我們還可以進一步的區分，是看大漲還是看小漲？是看大跌還是看小跌？而有不同的交易策略。

在「履約型態」欄中，對應的是「歐式（僅能於到期日行使權利）」。這表示，如果我們是選擇權的「買方」，我們只能夠在「到期日」當天，才能夠行使權利。

在「契約乘數」欄中，對應的是「指數每點新臺幣 50 元」。這表示，如果你有交易的價差——例如「100 點」，那這價差就可以折算成「新臺幣 5,000 元」（$50 \times 100 = 5000$）。

在「漲跌幅限制」欄中，對應的是「各交易時段權利金最大漲跌點數以最近之臺灣證券交易所發行量加權股價指數收盤價之百分之十為限」。這表示，你交易的選擇權、漲跌的「點數」，一樣有「漲跌停」的限制；而這漲跌停的限制，在目前是 10%。

有了這些基本認知之後，我們就舉實例來說明，「臺指選擇權」的報酬型態。

基本款——看多「買進買權」，看空「買進賣權」

Q 如果我們對於後市看好，就像看好股票一樣，就是「買」進「臺指選擇權」，看壞後市就只是「賣」出「臺指選擇權」就對了嗎？

A 原則上是。就如同你看好某一家公司，你會買進並持有該公司的股票，或者中長期持有，每年等著領取可觀的現金股利或者股票股利；或者，你設定的停利點到了，你想要獲利了結，於是你賣掉了；又或者，當你一旦觀察到這家公司的基本面變差，你當年願意持有這家公司的理由都消失不見時，你還是會出脫該公司的股票。同樣道理，如果你認為臺股後勢看好，股價指數將會迭創新高，那麼，你「買進」「臺指選擇權」的「買權」是沒錯的；相反的，如果你認為臺股後勢不佳，股價指數將會頻頻破底，那麼，基本上，你是應該要「買進」「臺指選擇權」的「賣權」；會比你站在「賣方」的獲利要來得更穩妥。選擇權的這點觀念，倒是跟買賣股票的作法有所差異。現在，我們就把交易選擇權基本的四個策略，以實際案例、佐以圖形詳加說明，方便讀者諸君按圖索驥。

☆ 情境一：看大漲——買進買權

釋例：

假設現在大盤的指數是 16,000 點，小福覺得臺股的基本面良好，後勢可期，應該大有機會上漲，所以，在 11/5 買進 1 口 11 月到期的買權，履約價格為 16,300 點（表示小福認為大盤會從 16,000 點上漲到 16,300 點），支付的買權權利金為 150 點。

有了以上的幾項假設之後，按照我們在前面第一天所敘述的基本觀念，我們會有幾個關鍵的數字，可以算得出來：

● **問題一：如果小福作為一口選擇權（買權）的買方，在給定的條件之下，要支付多少權利金？**

答：50 元 × 150 點 × 1 口＝7,500 元

● **問題二：假設 11/8 權利金上漲到 250 點，小福想要獲利了結，所以把手上的「買權」賣掉，他的損益是多少？**

答：50 元 ×（250 點－150 點）× 1 口＝＋5,000 元

● **問題三：假設小福等到 11 月份契約到期，最後結算價為 16,500 點，因為比履約價格 16,300 點還要高，所以會自動履約，這時小福的損益是多少？**

答：50 元 ×（16,500 點－16,300 點－150 點）×1 口
＝＋2,500 元

其中的履約價值為：16500 點－16300 點＝200 點

期初權利金成本：150 點

● **問題四：假設小福等到 11 月份契約到期，最後結算價是為 16,000 點，因為比履約價格 16,300 點低，所以，小福不會履約，這時小福的損益是多少？**

答：50 元 ×150 點 ×1 口＝－7,500 元（等於損失當初支付的權利金）

● **問題五：小福需要等到指數漲到幾點時（也就是損益兩平點），才會開始獲利呢？**

答：由於小福是在大盤指數 16,000 點時，看好未來大盤會上漲到 16,300 點而進場，支付買權權利金 150 點。因此，如果大盤指數低於 16,300 ＋ 150 ＝ 16,450 時，就算小福履約，還是虧錢的。例如，在

大盤上漲到 16,350 點時，小福履約，雖然比起履約價 16,300 點多了 50 點（也就是賺了 50 點），但是，小福當初能夠擁有這個履約的權利，是已經先行付出 150 點的權利金（成本），所以，就算在 16,350 點履約，小福還是「虧」了 100 點。也就是說，要等到指數上漲到 16,450 點以後，小福才算是開始獲利；因此，小福買進的這一選擇權（買權）的「損益兩平點」是 16,300 ＋ 150 = 16,450 點。

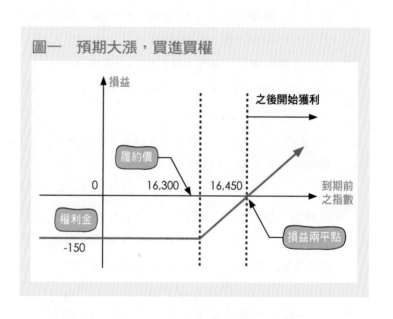

圖一　預期大漲，買進買權

小結：

❶ 時機：看漲，特別是看大漲，認為大盤會漲到 16,300 點以上，則買進 16,300Call。

❷ 最大虧損：150 點。結算時，如果大盤沒有上漲到 16,300 點，就沒有履約的價值，那麼之前支出的 150 點權利金就會歸零；然而最大的虧損，也就是

這 150 點的權利金。

❸ 最大獲利：「理論上」是無限。當大盤持續上漲，
漲上天時，買 Call 就能夠賺上天際，但這種機率極
低就是了。

❹ 損益兩平點：16,450。指數上漲超過 16,450 點，才
算是開始獲利。

☆ 情境二：看大跌 —— 買進賣權

釋例：

假設現在大盤的指數是 16,800 點，小福覺得臺股的基
本面轉差，後勢看壞，應該會有大幅度的下跌，所以，在
11/5 買進 1 口 11 月到期的賣權，履約價格為 16,300 點（表
示小福認為大盤會從 16,800 點下跌到 16,300 點以下），支
付的賣權權利金為 150 點。

● **問題一：如果小福作為一口選擇權（賣權）的買方，
在給定的條件之下，要支付多少權利金？**
答：50 元 ×150 點 ×1 口＝7,500 元

● **問題二：假設 11/8 權利金上漲到 250 點，小福想要
獲利了結，所以把手上的「賣權」賣掉，他的損益
是多少？**
答：50 元 ×（250 點－150 點）×1 口＝＋5,000 元

● **問題三：假設小福等到 11 月份契約到期，最後結算
價為 16,200 點，因為比履約價格 16,300 點還要低，
所以會自動履約，這時小福的損益是多少？**
答：50 元 ×（16,300 點－16,200 點－150 點）×1 口
＝－2,500 元

其中的履約價值為：16,300 點 – 16,200 點 = 100 點

期初權利金成本：150 點

● **問題四：假設小福等到 11 月份契約到期，最後結算價是為 16,400 點，因為比履約價格 16,300 點高，所以，小福不會履約，這時小福的損益是多少？**

答：50 元 ×150 點 ×1 口 = – 7,500 元（等於損失當初支付的權利金）

● **問題五：小福需要等到指數跌到幾點以下（也就是損益兩平點），才會開始獲利呢？**

答：由於小福是在大盤指數 16,800 點時，認為未來大盤會下跌到 16,300 點以下而進場，支付賣權權利金 150 點。因此，如果大盤的指數高於 16,300 – 150 = 16,150 時，就算小福履約，還是虧錢的。例如，在大盤下跌到 16,200 點時，小福履約，雖然比起履約價 16,300 點低了 100 點（也就是賺了 100 點），但是，小福當初能夠擁有這個履約的權利，是已經先行付出了 150 點的權利金（成本），所以，就算在 16,200 點履約，小福還是「虧」了 50 點。也就是說，要等到指數下跌到了 16,150 點以下，小福才算是開始獲利；因此，小福買進的這一選擇權的「損益兩平點」是 16,300 – 150 = 16,150 點。

小結：

❶ 時機：看跌，特別是看大跌，認為大盤會下跌到 16,300 點以下，則買進 16,300Put。

❷ 最大虧損：150 點。結算時，如果大盤沒有下跌到 16,300 點以下，就沒有履約的價值，那麼之前支出

的 150 點權利金就會歸零；然而最大的虧損，也就
是這 150 點的權利金。

❸ 最大獲利：「理論上」是無限。當大盤從「極高點」
持續下跌時，買 Put 就能夠賺上天際，但這種機率
極低就是了；而且，指數最慘也不過跌到 0 而已。

❹ 損益兩平點：16,150。當指數下跌的位子低於 16,150
點，才算是開始獲利。

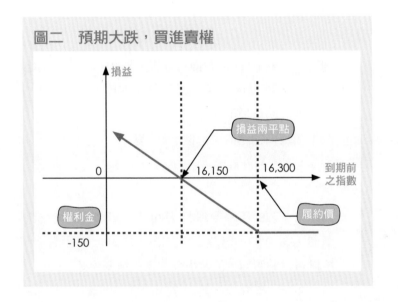

圖二　預期大跌，買進賣權

⭐ 情境三：上檔有壓力，覺得短期衝關不易 —— 賣出買權

釋例：

假設現在大盤的指數是 16,100 點，小福覺得近期的臺
股多空交戰，未來混沌不明，即便短期有某些政策面的利
多撐盤，但缺乏實質的基本／業績面支撐，就算上漲，應
該也不至於會上漲超過 16,300 點，甚至於，還有可能小幅

度的下跌；因此，小福這次打算站在賣方，他採取「賣出買權」的策略（需繳交「保證金」）。所以，在 11/5「賣出」1 口 11 月到期的「買權」，履約價格為 16,300 點（表示小福認為大盤「頂多」會上漲到 16,300 點，再往上衝高的機率很低），收取的權利金為 290 點。

● 問題一：如果小福作為一口選擇權（買權）的賣方，在給定的條件之下，可以收取多少權利金？

答：50 元 × 290 點 × 1 口 = 14,500 元

● 問題二：假設 11/8 的權利金報價為 250 點，小福想要在到期前反向沖銷，買進價（支出）：250 點，那麼他的損益是多少？

到期前反向沖銷的買進價：250 點

答：50 元 ×（290 點 – 250 點）× 1 口 = +2,000 元

● 問題三：假設小福等到 11 月份契約到期，最後結算價為 16,610 點，因為比履約價格 16,300 點還要高，所以會自動履約，這時小福的損益是多少？

答：50 元 ×（16,300 點 – 16,610 點 + 290 點）× 1 口 = –1,000 元

其中的履約價值「損失」為：16,610 點 – 16,300 點 = 310 點

期初收取權利金：290 點

● 問題四：假設小福等到 11 月份契約到期，最後結算價是為 16,100 點，因為比履約價格 16,300 點低，所以，對方不會履約，這時小福的損益是多少？

答：50 元×290 點×1 口 = +14,500 元（等於賺取當
　　初收取的權利金）

● **問題五：小福在指數上漲超過幾點以上（也就是損益兩平點），就會開始虧損了？**

答：未來指數如果上漲超過 16,590 點時，小福就會
隨著大盤持續的上漲，而持續的虧錢；漲幅越大，
小福虧得也越兇！只要大盤上漲幅度不超過 16,590
點，小福才是處於賺錢的狀態。在到期前，如果大
盤上漲的指數不超過 16,300 點，那麼，小福可以淨
賺 290 點的權利金（不計其他的交易成本）。如果
大盤上漲的指數，是介於 16,300 點到 16,590 點之間，
那麼小福是賺多少點呢？

假設，在大盤上漲到 16,400 點時，對方履約，比起
履約價 16,300 點高出了 100 點（也就是對方賺了 100
點），所以，小福只是「賺」了 190 點（原先收了
290 點的權利金，現在，「吐」出去 100 點，只剩賺
190 點。290 – 100 = 190）。一旦大盤持續上漲到了
16,590 點時，對方履約，比起履約價 16,300 點高出
了 290 點（也就是對方賺了 290 點），這時候，小
福就不賺不賠了（原先收了 290 點的權利金，現在，
「吐」出去 290 點，不賺不賠。290 – 290 = 0）。但是，
隨著大盤持續的上漲，例如上漲到 16,600 點，那麼
小福就會開始虧錢了（現在對方履約，獲利 16,600
– 16,300 = 300 點，小福原先收了 290 點的權利金，
現在，「吐」出去 300 點，賠了 10 點。290 – 300 =
–10）

因此，小福賣出的這一選擇權（買權）的「損益兩
平點」是 16,300 + 290 = 16,590 點。

小結：

❶ 時機：看不漲，特別是看小跌，認為大盤不會上漲超過 16,300 點，則賣出 16,300Call，當大盤低於 16,300 點，都是淨賺權利金的；但是，如果上漲超過 16,590 點以上，則要開始賠錢給買方。

❷ 最大獲利：290 點。不管大盤從當初建倉時的 16,100 點上漲、下跌或是盤整，只要結算時大盤沒有上漲超過 16,300 點（那麼對方就不會想要履約），於是，當初收到的 290 點權利金，就可以全部放到口袋裡面。

❸ 虧損無上限：只要指數上漲超過 16,590 點後，「理論上」，虧損是沒有上限的。因為是擔任選擇權的「賣方」，所以，只要指數一直不斷地上漲，那麼虧損就會持續地擴大；這就是擔任選擇權的「賣方」的風險所在。雖然一開始可以先收取一筆權利金，但是，卻承擔著極大的風險，道理就在於此。但如果可以賣出「價差單」，除了可以大幅降低保證金之外，還可以控制虧損的風險。這部分，是屬於較為複雜的選擇權交易策略，未來如果有機會，我們會另闢專章討論。

❹ 損益兩平點：16,590。當指數上漲超過 16,590 點之後，小福就會開始虧損了。

❺ 獲利遞減區：16,300 點～ 16,590 點，我們可以稱之為獲利遞減區，小福的獲利，會從 290 點開始遞減到零（損益兩平點：16,590 點），之後，就會開始虧錢。首先，如果指數上漲超過 16,300 點，大盤每上漲 1 點，就要賠給買方 1 點，於是，小福會先從買方那裡收到的 290 點開始賠，也就是先從買方自己的錢（當初給付的權利金）賠給他，一旦把收到

的錢（290 點）給賠完了，才會開始（從 16,590 點
之後更高的指數位置）賠到小福自己的錢。

❻ 機會的不對稱：雖然賣方將會承擔虧損無上限的風
險（如果到期前平倉，或採取其他的有效策略，風
險還是可控的），但是，一開始，「買方」卻要花
錢買機會（支付 290 點的「權利金」「買進買權」），
還要等到指數上漲到 16,590 點，才算把已經給付的
權利金給賺回來，這之後，才算是真正的獲利。而
賣方（「賣出買權」）則可以先收錢（權利金），
如果指數上漲到 16,300 點，可以先拿當初收到的錢
（290 點的「權利金」）賠給對方，等到 290 點的「權
利金」都賠光了，指數上漲到 16,590 點之後，才開
始虧錢。如此看來，擔任選擇權的「買方」跟「賣方」
的機會／勝率是不是差很多呢？

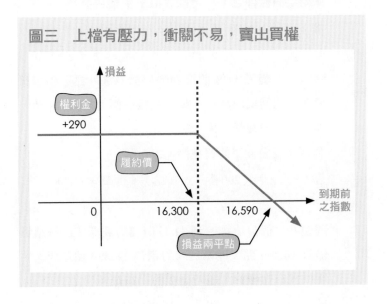

圖三　上檔有壓力，衝關不易，賣出買權

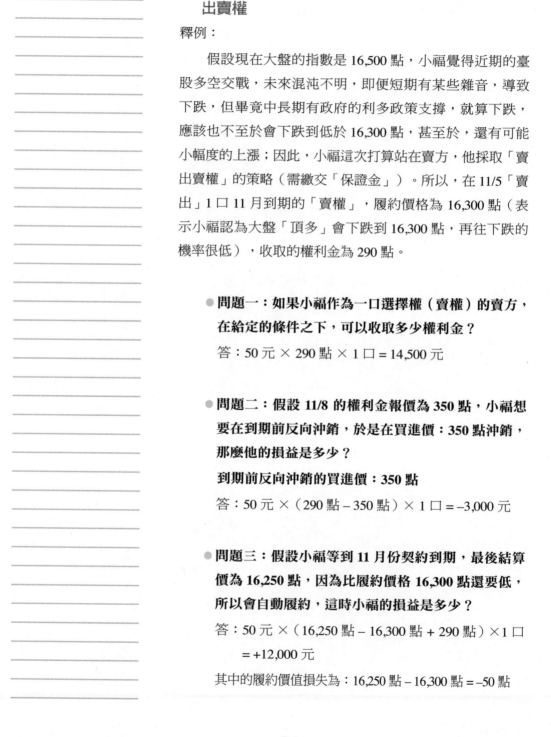

⭐ 情境四：下檔有支撐，覺得短期不易跌破 —— 賣出賣權

釋例：

假設現在大盤的指數是 16,500 點，小福覺得近期的臺股多空交戰，未來混沌不明，即便短期有某些雜音，導致下跌，但畢竟中長期有政府的利多政策支撐，就算下跌，應該也不至於會下跌到低於 16,300 點，甚至於，還有可能小幅度的上漲；因此，小福這次打算站在賣方，他採取「賣出賣權」的策略（需繳交「保證金」）。所以，在 11/5「賣出」1 口 11 月到期的「賣權」，履約價格為 16,300 點（表示小福認為大盤「頂多」會下跌到 16,300 點，再往下跌的機率很低），收取的權利金為 290 點。

● **問題一：如果小福作為一口選擇權（賣權）的賣方，在給定的條件之下，可以收取多少權利金？**

答：50 元 × 290 點 × 1 口 = 14,500 元

● **問題二：假設 11/8 的權利金報價為 350 點，小福想要在到期前反向沖銷，於是在買進價：350 點沖銷，那麼他的損益是多少？**

到期前反向沖銷的買進價：350 點

答：50 元 ×（290 點 – 350 點）× 1 口 = –3,000 元

● **問題三：假設小福等到 11 月份契約到期，最後結算價為 16,250 點，因為比履約價格 16,300 點還要低，所以會自動履約，這時小福的損益是多少？**

答：50 元 ×（16,250 點 – 16,300 點 + 290 點）× 1 口
　　= +12,000 元

其中的履約價值損失為：16,250 點 – 16,300 點 = –50 點

期初收取權利金：290 點

淨賺：290 – 50 = 240 點

● **問題四：假設小福等到 11 月份契約到期，最後結算價是為 16,400 點，因為比履約價格 16,300 點高，所以，對方不會履約，這時小福的損益是多少？**

答：50 元 ×290 點 ×1 口 = +14,500 元（等於賺取當初收取的權利金）

● **問題五：小福在指數下跌超過幾點以上（也就是損益兩平點），就會開始虧損了？**

答：未來指數如果下跌低於 16,010 點時，小福就會隨著大盤持續的下跌，而持續的虧錢；跌幅越大，小福虧得也越兇！只要大盤下跌的指數不低於 16,010 點，小福才是處於賺錢的狀態。在到期前，如果大盤下跌的指數不低於 16,300 點，那麼，小福可以淨賺 290 點的權利金（不計其他的交易成本）。如果大盤下跌的指數，是介於 16,010 點到 16,300 點之間，那麼小福是賺多少點呢？

假設，在大盤下跌到 16,200 點時，對方履約，比起履約價 16,300 點低了 100 點（也就是對方賺了 100 點），所以，小福只是「賺」了 190 點（原先收了 290 點的權利金，現在，「吐」出去 100 點，只剩賺 190 點。290 – 100 = 190）。一旦大盤持續下跌到了 16,010 點時，對方履約，比起履約價 16,300 點低了 290 點（也就是對方賺了 290 點），這時候，小福就不賺不賠了（原先收了 290 點的權利金，現在，「吐」出去 290 點，不賺不賠。290 – 290 = 0）。但是，隨著大盤持續的下跌，例如下跌到 16,000 點，那麼小福就會開

始虧錢了（現在對方履約，獲利 16,300 − 16,000 = 300 點，小福原先收了 290 點的權利金，現在，「吐」出去 300 點，賠了 10 點。290 − 300 = −10）

因此，小福賣出的這一選擇權（賣權）的「損益兩平點」是 16,300 − 290 = 16,010 點。

小結：

❶ 時機：看不跌，特別是看小漲，認為大盤不會下跌到低於 16,300 點，則賣出 16300Put，當大盤指數高於 16,300 點，都是淨賺權利金的；但是，如果下跌到 16,010 點以下，則要開始賠錢給買方。

❷ 最大獲利：290 點。不管大盤從當初建倉時的 16,500 點上漲、下跌或是盤整，只要結算時大盤沒有下跌超過 16,300 點（那麼對方就不會想要履約），於是，當初收到的 290 點權利金，就可以全部放到口袋裡面。

❸ 虧損無上限：只要指數下跌到 16,010 點以下，「理論上」，虧損是沒有上限的。因為是擔任選擇權的「賣方」，所以，只要指數一直不斷地下跌，那麼虧損就會持續地擴大；這就是擔任選擇權的「賣方」的風險所在。雖然一開始可以先收取一筆權利金，但是，卻承擔著極大的風險，道理就在於此。

❹ 損益兩平點：16,010。當指數下跌到 16,010 點以下，小福就會開始虧損了。

❺ 獲利遞減區：16,010 點 ～ 16,300 點，我們可以稱之為獲利遞減區，小福的獲利，會從 290 點開始遞減到零（損益兩平點：16,010 點），之後，就會開始虧錢。首先，如果指數下跌低於 16,300 點，大盤每下跌 1 點，就要賠給買方 1 點，於是，小福會先從

買方那裡收到的 290 點開始賠，也就是先從買方自己的錢（當初給付的權利金）賠給他，一旦把收到的錢（290 點）給賠完了，才會開始（從 16,010 點之後更低的指數位置）賠到小福自己的錢。

❻ 機會的不對稱：雖然賣方將會承擔虧損無上限的風險（如果到期前平倉，或採取其他的有效策略，風險還是可控的），但是，一開始，「買方」卻要花錢買機會（支付 290 點的「權利金」「買進賣權」），還要等到指數下跌到 16,010 點，才算把已經給付的權利金給賺回來，這之後，才算是真正的獲利；而賣方（「賣出賣權」）則可以先收錢（權利金），如果指數下跌到 16,010 點，可以先拿當初收到的錢（290 點的「權利金」）賠給對方，等到 290 點的「權利金」都賠光了，指數下跌到 16,010 點之後，才開始虧錢。如此看來，擔任選擇權的「買方」跟「賣方」的機會／勝率是不是差很多呢？

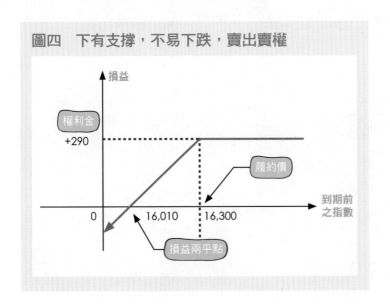

圖四　下有支撐，不易下跌，賣出賣權

總結：

　　單一部位的選擇權操作，是為各種交易策略的基石，我們把這四個策略的基本涵義，以及操作的時機，整理如下：

選擇權操作

買進買權	買進賣權
o 預期標的物會上漲，而且是大漲 o 預期價格會突破履約價，向上噴出 o 風險有限，理論上獲利無限 o 需要支付權利金	o 預期標的物會下跌，而且是大跌 o 預期價格會跌破履約價，向下噴出 o 風險有限，理論上獲利無限 o 需要支付權利金
賣出買權	**賣出賣權**
o 看不漲，甚至於還會小跌 o 認為價格不致於會上漲超過履約價 o 獲利有限，理論上風險無限 o 需要支付保證金	o 看不跌，甚至於還會小漲 o 認為價格不致於會下跌到低於履約價 o 獲利有限，理論上風險無限 o 需要支付權利金

可以提供更高利潤的契機，或者是避免虧太多的風險

如果你手上持有股票，暫時不想賣，卻又擔心股價下跌，讓你賺得不夠多；或者是有所虧損時，可以運用個股選擇權，來幫你的股票「掛保險」。

單元重點

- 個股選擇權——可以提供更高利潤的契機，或者是避免虧太多的風險
- 注意結算日當天，價格可能會有劇烈地波動
- 買進「個股選擇權」的「賣權」，管理股價下跌的風險
- 注意成交量過低，存在流動性不足的風險

個股選擇權——可以提供更高利潤的契機，或者是避免虧太多的風險

Q 市場上有些專業投資人，除了買賣股票之外，還會有搭配「個股選擇權」架構投資組合，來追求更高的利潤或是管理風險。請問，「個股選擇權」是一種什麼樣的金融工具呢？

A 金融市場詭譎多變，除了會受到各式各樣因素，像是經濟數據、個股財報等基本面的變數影響之外，近期眾多的黑天鵝事件，不但超出市場預期，也讓投資人飽受驚嚇；尤其是部位較大的中實戶或者法人，不管是看多或者看空，如果沒有幫股票部位「掛保險」的話，那麼，這些系統性風險，肯定會侵蝕掉原本預期中的獲利。而要如何幫股票部位「掛保險」降低可能的損失？「個股選擇權」就成為類似一般人出遊會投保旅平險、意外險的概念一樣，可以

提供給投資人在遭受非預期之內的風險衝擊時，減少損失的一種選擇。若是運用得宜，投資人還可以為自己的投資組合增加利潤、提高報酬率。至於個股選擇權怎麼運作、有哪些操作策略？我們可以先從「個股選擇權」的規格來瞭解。

　　以下是臺灣期貨交易所股份有限公司，關於「股票選擇權」的契約規格。透過解讀這份契約規格中的幾個關鍵項目，將有助於我們理解如何運用此項金融商品架構投資組合。

　　首先，是關於何謂「股票選擇權」？誠如之前各單元所提，「股票選擇權」是一種衍生性金融商品，可以讓擁有這一項權利的投資人，在未來某一「特定時間」（到期日）行使權利，以事先約定好的價格，「買進」或「賣出」「一定數量」的股票的權利；這也是一種讓投資人可以享有「預約」未來「購買」或「出售」某一支股票「價格」的權利。

　　「交易標的」：至於可以讓投資人享有「預約」未來「購買」或「出售」某一支股票「價格」權利中的「某一支股票」，又是哪些個股呢？目前規定，是在「臺灣證券交易所上市或櫃買中心上櫃之普通股股票、指數股票型證券投資信託基金或境外指數股票型基金」，所以，「交易標的」就不只是「股票」，也有可能是 ETF；例如廣為投資人所熟悉的元大臺灣 50ETF（證券代號 0050）、元大高股息 ETF（證券代號 0056），也是「交易標的」之一。而這份「交易標的」的清單，會由期交所公布；投資朋友在交易之前，可以先參照期交所的官方網站，瞭解自己想要交易（避險）的標的，是否在清單之內？「標準型證券股數」又是多少？如此才可以計算，想要避險的程度，約當的單位量又是多少？在附件中，我們將附上最新的標的證券清單，供讀者們參考。

「契約單位」：大多數標的證券為股票者，都是 2,000 股（少數例外的，像是高價股的大立光，只有 100 股）；標的證券為指數股票型證券投資信託基金者為 10,000 個受益權單位；標的證券為境外指數股票型基金者，契約單位則有可能是由期交所另定之。由於契約單位並沒有歸於一律，因此，建議投資朋友在操作「股票選擇權」時，要特別留意單位數，以免造成資金不夠、或者避險效果不好的困窘。

臺灣期貨交易所股份有限公司
「股票選擇權契約規格」

項目	內容		
交易標的	於臺灣證券交易所上市或櫃買中心上櫃之普通股股票、指數股票型證券投資信託基金或境外指數股票型基金		
中文名稱	股票選擇權（買權、賣權）		
英文代碼	各標的證券依序以英文代碼表示		
契約單位	標的證券為股票者為 **2,000** 股；標的證券為指數股票型證券投資信託基金者為 **10,000** 受益權單位；標的證券為境外指數股票型基金者，契約單位由本公司另定之（但依規定為契約調整者，不在此限）		
履約方式	歐式（僅得於到期日行使權利）		
到期月份	交易當月起連續 **2** 個月份，另加上 **3** 月、**6** 月、**9** 月、**12** 月中 **1** 個接續的季月，總共有 **3** 個月份的契約在市場交易		
履約價格間距	履約價格	近月間距	季月間距
	新台幣 2 元以上，未滿 10 元（最低履約價格為 2 元）	新台幣 0.2 元	0.4 元
	10 元以上，未滿 25 元	0.5 元	1 元
	25 元以上，未滿 50 元	1 元	2 元
	50 元以上，未滿 100 元	2.5 元	5 元
	100 元以上，未滿 250 元	5 元	10 元
	250 元以上，未滿 500 元	10 元	20 元
	500 元以上，未滿 1000 元	25 元	50 元
	1000 元以上	50 元	100 元

續下頁

項目	內容
契約序列	新月份契約掛牌時及契約存續期間，以當日標的證券開盤參考價為基準，依履約價格間距，向上及向下連續推出不同之履約價格契約至滿足最高及最低履約價格涵蓋基準價格之上下 15% 為止
權利金報價單位	• 權利金未滿 5 點：0.01 點 • 權利金 5 點以上，未滿 15 點：0.05 點 • 權利金 15 點以上，未滿 50 點：0.1 點 • 權利金 50 點以上，未滿 150 點：0.5 點 • 權利金 150 點以上，未滿 1,000 點：1 點 • 權利金 1,000 點以上：5 點
每日漲跌幅	• 標的證券為股票或國內成分證券指數股票型基金者，交易權利金最大漲跌點數以約定標的物價值之當日最大變動金額除以權利金乘數計算 • 標的證券為國外成分證券指數股票型基金或境外指數股票型基金者，每日交易權利金最大漲跌點數以當日標的證券開盤參考價之 15% 為限。但依規定為契約調整者，不在此限
交易時間	• 本契約之交易日與標的證券交易日相同 • 標的證券為股票或國內成分證券指數股票型基金者，交易時間為上午 8:45～下午 1:45 • 標的證券為國外成分證券指數股票型基金或境外指數股票型基金者，交易時間為上午 8:45～下午 4:15 • 到期月份契約最後交易日之交易時間為上午 8:45～下午 1:30
最後交易日	**各契約的最後交易日為各該契約交割月份第 3 個星期三**
到期日	同最後交易日
交割方式	符合本公司公告範圍之未沖銷價內部位，於到期日當天自動履約，以現金交付或收受依最後結算價計算約定標的物價值與履約價款之差額
最後結算價	• 以到期日證券市場當日交易時間收盤前 60 分鐘內標的證券之算術平均價訂之 • 前項算術平均價之計算方式，由本公司另訂之

續下頁

項目	內容
部位限制	<ul><li>交易人於任何時間持有同一標的證券選擇權契約之同方向未沖銷部位合計數，除本公司另有規定外，不得逾本公司公告之限制標準。</li><li>所謂同方向未沖銷部位，係指買進買權與賣出賣權之部位合計數，或賣出買權與買進賣權之部位合計數。</li><li>法人機構基於避險需求得向本公司申請放寬部位限制。</li><li>綜合帳戶，除免主動揭露個別交易人者適用法人部位限制外，持有部位不受本公司公告之部位限制。</li><li>標的證券為股票者，其同一標的證券之股票期貨及股票選擇權未沖銷部位表彰總股數於任一交易日收盤後逾該標的證券在外流通股數15% 時，除另有規定外，本公司得自次一交易日起限制該選擇權之交易以了結部位為限。前開比例低於 12% 時，本公司得於次一交易日起解除限制</li><li>標的證券為指數股票型證券投資信託基金者，其同一標的證券之股票期貨及股票選擇權未沖銷部位表彰受益權單位合計數於任一交易日收盤後占該標的證券已發行受益權單位總數之比例逾 70% 時，除另有規定外，本公司得自次一交易日起限制該選擇權之交易以了結部位為限。前開比例低於 56% 時，本公司得於次一交易日起解除限制</li><li>標的證券為境外指數股票型基金者，其同一標的證券之股票期貨及股票選擇權未沖銷部位表彰單位合計數於任一交易日收盤後占該標的證券於國內募集及銷售單位總數之比例逾 70% 時，除另有規定外，本公司得自次一交易日起限制該選擇權之交易以了結部位為限。前開比例低於 56% 時，本公司得於次一交易日起解除限制</li></ul>

最後交易日若為假日或因不可抗力因素未能進行交易時，以其最近之次一營業日為最後交易日。（詳見股票選擇權契約交易規則）
資料來源：臺灣期貨交易所

　　「履約方式」：「股票選擇權」的履約方式，僅限於「歐式」；也就是，僅得於到期日才能夠行使權利。

　　「到期月份」：所謂的「到期月份」，是指，「股票選擇權」合約到期的合約月份或特定月份。每個「股票選擇權」的合約，是從交易當月起連續2個月份，另加上3月、6月、9月、12月中1個接續的季月，總共有3個月份的契約在市場交易。由於選擇權合約，是在交易所上交易的「標準化」金融工具，因此，投資人在交易時，必須參照

期貨交易所，所列出來的合約下單，而不是自行創造或買賣；期交所會列出一系列的到期月份，讓交易者可以選擇適合他們所需的交易或對沖時間週期的合約。因此，投資朋友需要注意各個契約的到期日期，才能有效地管理所持有的部位，並且結算在對你有利的位置。由於每位投資人，都想要獲利，而且，也會有為數不少的投資人，會持有到到期；因此，在結算日當天－也就是決勝負的那一天－可說是多空人馬交鋒的日子。持有多頭部位的投資人，會希望拉高結算；持有空頭部位的投資人，會希望壓低價格；也因此，常會出現一些狀況－例如：多空態勢分歧，導致價格劇烈地波動；原本行情是上漲／下跌的走勢，卻硬被「看不見的力量」「凍結」不動，非得等到結算日之後，才按照趨勢向兩端噴出；又或者，行情硬是被侷限在某一個狹幅的價格區間波動，直到結算日之後，才會出現明確的走勢等。因此，越接近到期日，越有可能出現匪夷所思、出乎意料的變化，身處其間的投資朋友，就越是需要備妥多套的劇本（操作策略），以因應變局。

　　「**最後交易日**」：各契約的「最後交易日」，是為各該契約交割月份的第三個星期三。假設交割月份是 9 月，那麼 9 月的第三個星期三，就是該契約的「最後交易日」。

注意結算日當天，價格可能會有劇烈地波動

買進「個股選擇權」的「賣權」，管理股價下跌的風險

Q 瞭解了「個股選擇權」契約當中，重要的關鍵規則之後，有關於「管理風險」是怎樣的概念？又應該怎麼操作呢？

A 幾年，台北股市隨著國際投資人對於股市——尤其是美國股市的樂觀程度，不僅讓大盤指數、也讓許多個股股價迭創新高，因此，投資朋友增持股票的意願，也與日俱增。如果投資人持有為數頗多的優質個股，自然會隨著股價的逐日上漲，而讓自己的「帳面獲利」數字持續上修。可是，隨著股價「驚驚漲」的同時，如果沒有及時獲利了結，不免會有「紙上富貴」的擔心。投資人如果不想承擔獲利回吐的「悔恨」，可以選擇「停利」出場、落袋為安；但要是股價持續地往上漲，太早「停利」出場，失去主升段的大好機會，又會「搥心肝」、埋怨自己抱不住金雞母。面臨漲跌無常而進退失據的糾結，肯定困擾很多投資朋友！

如果市場上出現一種，讓你在買進股票之後，可以提供某種「保障」條件的商品——譬如保單——讓你在繼續持有股票，繼續等待上漲，期待更高的資本利得的同時，不用膽戰心驚。因為，萬一行情反轉，股價跌到你設定的某個價位以下，讓你面臨「虧損」時（有可能不見得是真的「虧損」，只是你「少賺」而已），出這張保單的「保險公司」，就可以「理賠」你（認為）虧損的部分。這樣，讓你進可攻退可守，投資人是不是就可以穩操勝券了？那麼，又有哪一家「保險公司」會出這種「保單」呢？其實，這種「保單」的架構，是可以透過買進個股選擇權的賣權（Put），就可以達到跟買了一個保障一樣的效果——讓你繼續持有股票、卻不用擔心沒有及時獲利了結，少賺或者多賠的遺憾。

我們來看看可以怎麼操作。

案例：假設小福持有某一檔股票 A，在 2024 年 9 月初時，眼見著 A 的股價屢創新高，才幾個月，已經是翻倍漲！眼見著即將漲破市場分析師喊的最高行情價 270 元，小福糾結著：要不要居高思危，先在 250 元的價位先行獲利了結呢？可是，萬一賣掉了，卻又開始漲一波，不僅沒有嚐到後面的那一段甜蜜區，還會被朋友笑是膽小鬼……，真是裡子面子俱失啊！

這種賣也不是、留也不是的糾結情緒，相信很多投資朋友們都有過。現在可以運用「個股選擇權」的特性，讓自己可以期待（可以賣到更高的價位）、也可以避免受到傷害（萬一股價反轉下跌，虧損的部分，還可以從個股選擇權找補回來）。

策略：小福可以買進 A 股票選擇權的「賣權」，「履約價」選擇比理想中的目標價「低」一點。這時候，小福所選擇的「履約價」就相當於「保險金額」，當選擇權到期時，只要 A 的股價「低」於「履約價」，那麼比履約價低的部分，就可以獲得「理賠」。

作法：小福可以找到 A 股、2024 年 9 月份、履約價是 250 元的「賣權」，到期日就是 9 月份的第 3 個星期三（9/18）。當這「賣權」契約到期時，小福都有權以 250 元「賣出」A 股。

9/18 到期日，這口契約的價值，將會等於履約價 250 元減掉當時的股價。

情境一：若到期時，A 的股價漲到 270 元，那麼這口契約的價值，將會是 -20 元（=250 － 270）。這意味著，如果小福想要行使「賣出」A 股的權利，還得另外倒貼 20 元，所以，小福必然會選擇放棄執行「賣出」A 股的權利。你也可以想成，如果小福要賣 A 股，他會選擇在市場上用 270 元賣掉，還是執行選擇權，用 250 元的履約價賣掉呢？自然是選擇在市場上出脫 A 股，而不會是執行選擇權了。

那麼小福什麼時候會執行選擇權（也就是用 250 元的履約價賣掉）呢？答案是，當 A 的股價低於 250 元才具有履約的價值。如果到期時，A 的股價來到 230 元，這時候，小福行使權利（也就是用 250 元的履約價賣掉 A），就可以獲得 20 元的價差（=250-230），而這價差，剛好可以用來彌補「虧損」（也或許說，只是少賺，因為你原先預計 A 可以上漲到 250 元）的部分，你也可以看成是「理賠金」。

我們可以根據 A 股票、買進個股選擇權（「賣權」）在不同價位時的損益情境分析表（如表一）、以及根據這張表所畫出的個股選擇權（如圖一）、還有（股票＋個股選擇權）這個投資組合的損益圖（如圖二）來加以說明，會更加清楚其間的精妙之處。這個試算表，沒有考慮交易成本，也暫不計算買進個股選擇權「賣權」所支付的權利金。

圖一是 A 股票及 A 的選擇權「賣權」個別的獲利圖，圖二則是股票及賣權組合的獲利圖。

圖一，是設定在 270 元時，買入一張 A 股票、以及一口履約價 250 元的賣權。綠色線代表，A 股票隨著股價的漲跌的損益情形，是一條斜率 45 度的直線；當股價超過 270 元時，就開始獲利，低於 270 元，就呈現虧損。紅色線，則是 A 的選擇權「賣權」的損益情形；只要 A 的股價高於履約價 250 元時，因為不會履約，所以，獲利為零（其實是損失了權利金，為了讓損益情形單純清楚起見，在此先略而不談）；當 A 的股價低於 250 元時，選擇權就開始有了獲利，獲利金額，則為履約價（250）減去股價。

而圖二則是股票及賣權組合的損益圖。在股價低於履約價 250 元的那部分，賣權的獲利，可以部分抵銷掉股票的虧損，讓虧損數字始終維持在 20 元。只有在股價高於 270 元之後，整體的投資組合才會開始獲利；而這部分的獲利結構，就跟單獨買進股票的狀況是一樣的。

表一：**A** 股票、買進個股選擇權（「賣權」）在不同價位時的損益情境分析表

股價	0	20	50	100	210	230	250	260	270	290	310	350	400
選擇權獲利	250	230	200	150	40	20	0	0	0	0	0	0	0
個股獲利	-270	-250	-220	-170	-60	-40	-20	-10	0	20	40	80	130
投資組合獲利合計	-20	-20	-20	-20	-20	-20	-20	-10	0	20	40	80	130

圖一

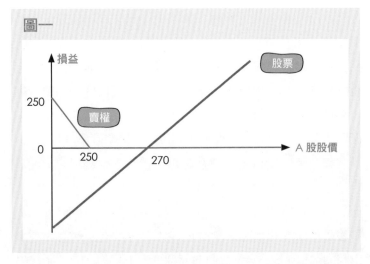

圖二

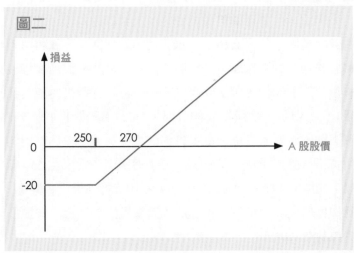

注意成交量過低，存在流動性不足的風險

Q 關於操作「個股選擇權」的關鍵，除了履約價的選擇之外，還有哪些需要注意的地方？

A 從上面的損益分析表、以及投資組合的損益圖，我們可以知道，是虧損還是獲利，履約價的選擇，至關重要。然而，上面的損益情形，其實還沒有考慮到所支付的權利金成本；權利金的高低，當然跟履約價有關係，這部分，會因為所交易的是「買權」還是「賣權」有所關連，讀者朋友們可以參照我們在第一天基本觀念的說明。此外，到期月份（是近月還是遠月）也會是需要的考慮因素。如果距離到期日越近的賣權，權利金當然會更便宜；距離到期日越遠，權利金就會越貴。你可以想像成，你若希望這張保單的保障期間越長，你所需要付出的保費就會越貴了。

因此，如果你手上持有股票，暫時不想賣，卻又擔心股價下跌，讓你賺得不夠多；或者是有所虧損，你想要幫你的股票「買保險」時，首先，你要先確定一「理想」的股價價位（有可能是你買進的成本價，或者是你心中打算出脫的價格，比方說，我們前面例子當中的270元）。接著，再來決定，你要買進的履約價、以及到期的月份，然後，買進該檔股票的「賣權」，那麼在契約到期日，就可以獲得該履約價的「保障」。當股票持續上漲時，雖然賣權沒有價值（前面例子中270元以上的價位，選擇權的獲利都是0），但是，你所持有的股票，可以持續獲利。萬一股票下跌，股票的賣權，還可以提供下檔保護，讓你整體的投資組合虧損維持在某一個程度（前面例子當中在250元以下的價位，雖然讓股票的部位虧損幅度持續擴大，但是，選擇權的「賣權」卻是獲利的；而整體投資組合，會讓損失控制在-20元）。

　　個股選擇權，本就是一項投資工具，不僅可以單獨投資，還可以在持有／或放空股票時，用於避險和套利。舉例來說，買進個股選擇權的「買權」，讓投資人可以在股票走強時獲利。然而，當股價走低時，投資人也可以買進個股選擇權的「賣權」來降低投資組合的風險（如前面的例子）。除了股價在有明確的走勢（上漲或下跌）時，可以獲利之外，就算個股在盤整階段（在一個區間內上下波動），也可以選擇買進該檔股票的「買權」和「賣權」，以賺取波動行情帶來的價格差異；也能夠藉由買權及賣權的組合策略（不同的履約價、不同的到期日）來靈活地為你所持有的股票避險。

　　最後，要特別提醒投資朋友的是，由於個股選擇權的價格波動幅度較大，而且交易規則相對複雜，在投資時，不但需要考慮股價的波動程度，還有到期日、時間價值等因素，才能做出有效益的交易決策。再者，整體而言，目前期交所的「個股選擇權」市場，仍有成交量過低而存在流動性不足的問題，使得市場的買賣價差較大，讓損益的估算，難度增加。這些特點，都需要投資朋友對於「個股選擇權」的相關交易知識，有更多的瞭解和體驗之後，才能更有效率地搭配個股、甚或其他金融商品，架構出報酬率更高的投資組合。

標的證券資訊

股票期貨、選擇權商品代碼	標的證券	證券代號	標的證券簡稱	是否為標的		標的證券				標準型證券股數
				股票期貨	股票選擇權	上市普通股	上櫃普通股	上市ETF	上櫃ETF	
CA	南亞塑膠工業股份有限公司	1303	南亞	●	●	◎				2,000
CB	中國鋼鐵股份有限公司	2002	中鋼	●	●	◎				2,000
CC	聯華電子股份有限公司	2303	聯電	●	●	◎				2,000
CD	臺灣積體電路製造股份有限公司	2330	台積電	●	●	◎				2,000
CE	富邦金融控股股份有限公司	2881	富邦金	●	●	◎				2,000
CF	臺灣塑膠工業股份有限公司	1301	台塑	●	●	◎				2,000
CG	仁寶電腦工業股份有限公司	2324	仁寶	●	●	◎				2,000
CH	友達光電股份有限公司	2409	友達	●	●	◎				2,000
CJ	華南金融控股股份有限公司	2880	華南金	●	●	◎				2,000
CK	國泰金融控股股份有限公司	2882	國泰金	●	●	◎				2,000
CL	兆豐金融控股股份有限公司	2886	兆豐金	●	●	◎				2,000
CM	台新金融控股股份有限公司	2887	台新金	●	●	◎				2,000
CN	中國信託金融控股股份有限公司	2891	中信金	●	●	◎				2,000
CQ	統一企業股份有限公司	1216	統一	●	●	◎				2,000
CR	遠東新世紀股份有限公司	1402	遠東新	●	●	◎				2,000
CS	華新麗華股份有限公司	1605	華新	●	●	◎				2,000
CU	中環股份有限公司	2323	中環	●		◎				2,000
CW	佳世達科技股份有限公司	2352	佳世達	●		◎				2,000
CX	大同股份有限公司	2371	大同	●		◎				2,000
CY	南亞科技股份有限公司	2408	南亞科	●		◎				2,000
CZ	長榮海運股份有限公司	2603	長榮	●	●	◎				2,000
DA	陽明海運股份有限公司	2609	陽明	●		◎				2,000
DB	中華航空股份有限公司	2610	華航	●		◎				2,000
DC	彰化商業銀行股份有限公司	2801	彰銀	●	●	◎				2,000

標的證券資訊

股票期貨、選擇權商品代碼	標的證券	證券代號	標的證券簡稱	是否為標的		標的證券				標準型證券股數
				股票期貨	股票選擇權	上市普通股	上櫃普通股	上市ETF	上櫃ETF	
DD	新光金融控股股份有限公司	2888	新光金	●	●	◎				2,000
DE	永豐金融控股股份有限公司	2890	永豐金	●	●	◎				2,000
DF	臺灣水泥股份有限公司	1101	台泥	●	●	◎				2,000
DG	臺灣化學纖維股份有限公司	1326	台化	●	●	◎				2,000
DH	鴻海精密工業股份有限公司	2317	鴻海	●	●	◎				2,000
DI	旺宏電子股份有限公司	2337	旺宏	●	●	◎				2,000
DJ	華碩電腦股份有限公司	2357	華碩	●	●	◎				2,000
DK	廣達電腦股份有限公司	2382	廣達	●	●	◎				2,000
DL	中華電信股份有限公司	2412	中華電	●	●	◎				2,000
DN	玉山金融控股股份有限公司	2884	玉山金	●	●	◎				2,000
DO	元大金融控股股份有限公司	2885	元大金	●	●	◎				2,000
DP	第一金融控股股份有限公司	2892	第一金	●	●	◎				2,000
DQ	群創光電股份有限公司	3481	群創	●	●	◎				2,000
DS	宏碁股份有限公司	2353	宏碁	●	●	◎				2,000
DV	聯發科技股份有限公司	2454	聯發科	●	●	◎				2,000
DW	潤泰全球股份有限公司	2915	潤泰全	●		◎				2,000
DX	緯創資通股份有限公司	3231	緯創	●	●	◎				2,000
DY	亞洲水泥股份有限公司	1102	亞泥	●		◎				2,000
DZ	大成長城企業股份有限公司	1210	大成	●		◎				2,000
EE	國喬石油化學股份有限公司	1312	國喬	●		◎				2,000
EG	中國石油化學工業開發股份有限公司	1314	中石化	●		◎				2,000
EH	東陽實業廠股份有限公司	1319	東陽	●		◎				2,000
EK	臺南紡織股份有限公司	1440	南紡	●		◎				2,000
EM	東元電機股份有限公司	1504	東元	●		◎				2,000

標的證券資訊

股票期貨、選擇權商品代碼	標的證券	證券代號	標的證券簡稱	是否為標的		標的證券				標準型證券股數
				股票期貨	股票選擇權	上市普通股	上櫃普通股	上市ETF	上櫃ETF	
EP	亞德客國際集團	1590	亞德客-KY	●		◎				2,000
EY	中國人造纖維股份有限公司	1718	中纖	●		◎				2,000
EZ	臺灣肥料股份有限公司	1722	台肥	●		◎				2,000
FC	中鴻鋼鐵股份有限公司	2014	中鴻	●		◎				2,000
FE	大成不銹鋼工業股份有限公司	2027	大成鋼	●		◎				2,000
FF	上銀科技股份有限公司	2049	上銀	●		◎				2,000
FG	川湖科技股份有限公司	2059	川湖	●		◎				2,000
FK	正新橡膠工業股份有限公司	2105	正新	●		◎				2,000
FN	裕隆汽車製造股份有限公司	2201	裕隆	●		◎				2,000
FQ	光寶科技股份有限公司	2301	光寶科	●		◎				2,000
FR	台達電子工業股份有限公司	2308	台達電	●		◎				2,000
FS	金寶電子工業股份有限公司	2312	金寶	●		◎				2,000
FT	華通電腦股份有限公司	2313	華通	●		◎				2,000
FV	精英電腦股份有限公司	2331	精英	●		◎				2,000
FW	友訊科技股份有限公司	2332	友訊	●		◎				2,000
FY	台亞半導體股份有限公司	2340	台亞	●		◎				2,000
FZ	華邦電子股份有限公司	2344	華邦電	●		◎				2,000
GA	聯強國際股份有限公司	2347	聯強	●		◎				2,000
GC	鴻準精密工業股份有限公司	2354	鴻準	●		◎				2,000
GH	技嘉科技股份有限公司	2376	技嘉	●		◎				2,000
GI	微星科技股份有限公司	2377	微星	●	●	◎				2,000
GJ	瑞昱半導體股份有限公司	2379	瑞昱	●		◎				2,000
GL	正崴精密工業股份有限公司	2392	正崴	●		◎				2,000
GM	億光電子工業股份有限公司	2393	億光	●		◎				2,000

標的證券資訊

股票期貨、選擇權商品代碼	標的證券	證券代號	標的證券簡稱	是否為標的		標的證券				標準型證券股數
				股票期貨	股票選擇權	上市普通股	上櫃普通股	上市ETF	上櫃ETF	
GN	凌陽科技股份有限公司	2401	凌陽	●		◎				2,000
GO	漢唐集成股份有限公司	2404	漢唐	●		◎				2,000
GR	京元電子股份有限公司	2449	京元電子	●		◎				2,000
GU	全新光電科技股份有限公司	2455	全新	●		◎				2,000
GW	義隆電子股份有限公司	2458	義隆	●		◎				2,000
GX	可成科技股份有限公司	2474	可成	●	●	◎				2,000
GY	強茂股份有限公司	2481	強茂	●		◎				2,000
GZ	兆赫電子股份有限公司	2485	兆赫	●		◎				2,000
HA	瑞軒科技股份有限公司	2489	瑞軒	●		◎				2,000
HB	華新科技股份有限公司	2492	華新科	●		◎				2,000
HC	宏達國際電子股份有限公司	2498	宏達電	●	●	◎				2,000
HH	中華工程股份有限公司	2515	中工	●		◎				2,000
HI	冠德建設股份有限公司	2520	冠德	●		◎				2,000
HL	興富發建設股份有限公司	2542	興富發	●		◎				2,000
HO	華固建設股份有限公司	2548	華固	●		◎				2,000
HQ	新興航運股份有限公司	2605	新興	●		◎				2,000
HS	長榮航空股份有限公司	2618	長榮航	●	●	◎				2,000
IA	臺灣中小企業銀行股份有限公司	2834	臺企銀	●		◎				2,000
IH	臺灣農林股份有限公司	2913	農林	●		◎				2,000
II	晶豪科技股份有限公司	3006	晶豪科	●		◎				2,000
IJ	大立光電股份有限公司	3008	大立光	●	●	◎				2,000
IM	亞洲光學股份有限公司	3019	亞光	●		◎				2,000
IO	聯詠科技股份有限公司	3034	聯詠	●		◎				2,000
IP	智原科技股份有限公司	3035	智原	●		◎				2,000

標的證券資訊

股票期貨、選擇權商品代碼	標的證券	證券代號	標的證券簡稱	是否為標的		標的證券				標準型證券股數
				股票期貨	股票選擇權	上市普通股	上櫃普通股	上市ETF	上櫃ETF	
IQ	文曄科技股份有限公司	3036	文曄	●		◎				2,000
IR	欣興電子股份有限公司	3037	欣興	●	●	◎				2,000
IT	臺灣晶技股份有限公司	3042	晶技	●		◎				2,000
IX	景碩科技股份有限公司	3189	景碩	●		◎				2,000
IY	新日興股份有限公司	3376	新日興	●		◎				2,000
IZ	明泰科技股份有限公司	3380	明泰	●		◎				2,000
JB	創意電子股份有限公司	3443	創意	●		◎				2,000
JF	嘉澤端子工業股份有限公司	3533	嘉澤	●		◎				2,000
JM	健策精密工業股份有限公司	3653	健策	●		◎				2,000
JN	TPK Holding Co., Ltd.	3673	TPK-KY	●		◎				2,000
JP	大聯大控股股份有限公司	3702	大聯大	●		◎				2,000
JS	和碩聯合科技股份有限公司	4938	和碩	●		◎				2,000
JW	長虹建設股份有限公司	5534	長虹	●		◎				2,000
JZ	嘉聯益科技股份有限公司	6153	嘉聯益	●		◎				2,000
KA	瑞儀光電股份有限公司	6176	瑞儀	●		◎				2,000
KB	聯茂電子股份有限公司	6213	聯茂	●		◎				2,000
KC	力成科技股份有限公司	6239	力成	●		◎				2,000
KD	同欣電子工業股份有限公司	6271	同欣電	●		◎				2,000
KE	臺灣表面黏著科技股份有限公司	6278	台表科	●		◎				2,000
KF	康舒科技股份有限公司	6282	康舒	●		◎				2,000
KG	啟碁科技股份有限公司	6285	啟碁	●		◎				2,000
KI	台虹科技股份有限公司	8039	台虹	●		◎				2,000
KK	達方電子股份有限公司	8163	達方	●		◎				2,000
KL	寶成工業股份有限公司	9904	寶成	●		◎				2,000

標的證券資訊

股票期貨、選擇權商品代碼	標的證券	證券代號	標的證券簡稱	是否為標的		標的證券				標準型證券股數
				股票期貨	股票選擇權	上市普通股	上櫃普通股	上市 ETF	上櫃 ETF	
KO	宏全國際股份有限公司	9939	宏全	●		◎				2,000
KP	潤泰創新國際股份有限公司	9945	潤泰新	●		◎				2,000
KS	聚陽實業股份有限公司	1477	聚陽	●		◎				2,000
KW	廣宇科技股份有限公司	2328	廣宇	●		◎				2,000
LB	健鼎科技股份有限公司	3044	健鼎	●		◎				2,000
LC	臺灣大哥大股份有限公司	3045	臺灣大	●		◎				2,000
LE	玉晶光電股份有限公司	3406	玉晶光	●		◎				2,000
LI	台郡科技股份有限公司	6269	台郡	●		◎				2,000
LM	美利達工業股份有限公司	9914	美利達	●		◎				2,000
LO	合作金庫金融控股股份有限公司	5880	合庫金	●	●	◎				2,000
LQ	英業達股份有限公司	2356	英業達	●		◎				2,000
LR	中華開發金融控股股份有限公司	2883	開發金	●		◎				2,000
LT	遠傳電信股份有限公司	4904	遠傳	●		◎				2,000
LU	臻鼎科技控股股份有限公司	4958	臻鼎 -KY	●		◎				2,000
LV	中租控股股份有限公司	5871	中租 -KY	●		◎				2,000
LW	儒鴻企業股份有限公司	1476	儒鴻	●		◎				2,000
LX	國巨股份有限公司	2327	國巨	●		◎				2,000
LY	南亞電路板股份有限公司	8046	南電	●		◎				2,000
MA	葡萄王生技股份有限公司	1707	葡萄王	●		◎				2,000
MB	敬鵬工業股份有限公司	2355	敬鵬	●		◎				2,000
MJ	致茂電子股份有限公司	2360	致茂	●		◎				2,000
MK	美律實業股份有限公司	2439	美律	●		◎				2,000
MQ	矽格股份有限公司	6257	矽格	●		◎				2,000
MV	臺灣百和工業股份有限公司	9938	百和	●		◎				2,000

標的證券資訊

股票期貨、選擇權商品代碼	標的證券	證券代號	標的證券簡稱	是否為標的		標的證券				標準型證券股數
				股票期貨	股票選擇權	上市普通股	上櫃普通股	上市ETF	上櫃ETF	
MY	精華光學股份有限公司	1565	精華	●			◎			2,000
NA	穩懋半導體股份有限公司	3105	穩懋	●			◎			2,000
NB	璟德電子工業股份有限公司	3152	璟德	●			◎			2,000
ND	威剛科技股份有限公司	3260	威剛	●			◎			2,000
NE	欣銓科技股份有限公司	3264	欣銓	●			◎			2,000
NG	碩禾電子材料股份有限公司	3691	碩禾	●			◎			2,000
NI	晟德大藥廠股份有限公司	4123	晟德	●			◎			2,000
NJ	榮剛材料科技股份有限公司	5009	榮剛	●			◎			2,000
NL	世界先進積體電路股份有限公司	5347	世界	●			◎			2,000
NM	中強光電股份有限公司	5371	中光電	●			◎			2,000
NO	中美矽晶製品股份有限公司	5483	中美晶	●			◎			2,000
NQ	新普科技股份有限公司	6121	新普	●			◎			2,000
NS	頎邦科技股份有限公司	6147	頎邦	●			◎			2,000
NU	網路家庭國際資訊股份有限公司	8044	網家	●			◎			2,000
NV	元太科技工業股份有限公司	8069	元太	●			◎			2,000
NW	群聯電子股份有限公司	8299	群聯	●			◎			2,000
NY	元大臺灣卓越50證券投資信託基金	0050	元大臺灣50ETF	●	●			◎		10,000
OA	富邦上証180證券投資信託基金	006205	富邦上証ETF	●	●			◎		10,000
OB	元大中國傘型證券投資信託基金之上證50證券投資信託基金	006206	元大上證50ETF	●	●			◎		10,000
OD	為升電裝工業股份有限公司	2231	為升	●		◎				2,000
OE	瀚宇彩晶股份有限公司	6116	彩晶	●		◎				2,000
OH	胡連精密股份有限公司	6279	胡連	●			◎			2,000

標的證券資訊

股票期貨、選擇權商品代碼	標的證券	證券代號	標的證券簡稱	是否為標的		標的證券				標準型證券股數
				股票期貨	股票選擇權	上市普通股	上櫃普通股	上市ETF	上櫃ETF	
OJ	國泰富時中國 A50 證券投資信託基金	00636	國泰中國A50ETF	●	●			◎		10,000
OK	富邦深証 100 證券投資信託基金	00639	富邦深100ETF	●	●			◎		10,000
OL	大立光電股份有限公司	3008	大立光	●		◎				100
OM	精華光學股份有限公司	1565	精華	●			◎			100
OO	群益深証中小板證券投資信託基金	00643	群益深証中小ETF	●	●			◎		10,000
OP	智邦科技股份有限公司	2345	智邦	●		◎				2,000
OQ	樺漢科技股份有限公司	6414	樺漢	●		◎				2,000
OR	和大工業股份有限公司	1536	和大	●		◎				2,000
OS	榮成紙業股份有限公司	1909	榮成	●		◎				2,000
OT	聯亞光電工業股份有限公司	3081	聯亞	●			◎			2,000
OU	同致電子企業股份有限公司	3552	同致	●			◎			2,000
OV	台燿科技股份有限公司	6274	台燿	●			◎			2,000
OW	環球晶圓股份有限公司	6488	環球晶	●			◎			2,000
OX	中華精測科技股份有限公司	6510	精測	●			◎			2,000
OY	中華精測科技股份有限公司	6510	精測	●			◎			100
OZ	日月光投資控股股份有限公司	3711	日月光投控	●	●	◎				2,000
PA	原相科技股份有限公司	3227	原相	●			◎			2,000
PB	環球晶圓股份有限公司	6488	環球晶	●			◎			100
PC	智擎生技製藥股份有限公司	4162	智擎	●			◎			2,000
PD	泰博科技股份有限公司	4736	泰博	●		◎				2,000
PE	臺灣半導體股份有限公司	5425	台半	●			◎			2,000

標的證券資訊

股票期貨、選擇權商品代碼	標的證券	證券代號	標的證券簡稱	是否為標的		標的證券				標準型證券股數
				股票期貨	股票選擇權	上市普通股	上櫃普通股	上市ETF	上櫃ETF	
PF	元大臺灣高股息證券投資信託基金	0056	元大高股息ETF	●				◎		10,000
PG	臺灣高速鐵路股份有限公司	2633	臺灣高鐵	●		◎				2,000
PH	祥碩科技股份有限公司	5269	祥碩	●		◎				2,000
PI	力旺電子股份有限公司	3529	力旺	●			◎			2,000
PJ	台光電子材料股份有限公司	2383	台光電	●		◎				2,000
PK	信昌電子陶瓷股份有限公司	6173	信昌電	●			◎			2,000
PL	合晶科技股份有限公司	6182	合晶	●			◎			2,000
PM	大江生醫股份有限公司	8436	大江	●			◎			2,000
PN	祥碩科技股份有限公司	5269	祥碩	●		◎				100
PP	宣德科技股份有限公司	5457	宣德	●			◎			2,000
PQ	金居開發股份有限公司	8358	金居	●			◎			2,000
PR	宏捷科技股份有限公司	8086	宏捷科	●			◎			2,000
PS	神達投資控股股份有限公司	3706	神達	●		◎				2,000
PT	雙鴻科技股份有限公司	3324	雙鴻	●			◎			2,000
PU	聯發科技股份有限公司	2454	聯發科	●		◎				100
PV	緯穎科技服務股份有限公司	6669	緯穎	●		◎				2,000
PW	緯穎科技服務股份有限公司	6669	緯穎	●		◎				100
PX	鈊象電子股份有限公司	3293	鈊象	●			◎			2,000
PY	鈊象電子股份有限公司	3293	鈊象	●			◎			100
PZ	信驊科技股份有限公司	5274	信驊	●			◎			2,000
QA	信驊科技股份有限公司	5274	信驊	●			◎			100
QB	富采投資控股股份有限公司	3714	富采	●	●	◎				2,000
QC	裕民航運股份有限公司	2606	裕民	●		◎				2,000
QD	台塑勝高科技股份有限公司	3532	台勝科	●		◎				2,000

標的證券資訊

股票期貨、選擇權商品代碼	標的證券	證券代號	標的證券簡稱	是否為標的		標的證券				標準型證券股數
				股票期貨	股票選擇權	上市普通股	上櫃普通股	上市ETF	上櫃ETF	
QE	國巨股份有限公司	2327	國巨	●		◎				100
QF	臺灣積體電路製造股份有限公司	2330	台積電	●		◎				100
QG	瑞昱半導體股份有限公司	2379	瑞昱	●		◎				100
QH	聯詠科技股份有限公司	3034	聯詠	●		◎				100
QI	穩懋半導體股份有限公司	3105	穩懋	●			◎			100
QJ	玉晶光電股份有限公司	3406	玉晶光	●		◎				100
QK	永豐餘投資控股股份有限公司	1907	永豐餘	●		◎				2,000
QL	精材科技股份有限公司	3374	精材	●			◎			2,000
QM	上銀科技股份有限公司	2049	上銀	●		◎				100
QN	群聯電子股份有限公司	8299	群聯	●			◎			100
QO	長興材料工業股份有限公司	1717	長興	●		◎				2,000
KU	臺灣玻璃工業股份有限公司	1802	台玻	●		◎				2,000
QP	正隆股份有限公司	1904	正隆	●		◎				2,000
FB	東和鋼鐵企業股份有限公司	2006	東和鋼鐵	●		◎				2,000
QQ	僑威科技股份有限公司	3078	僑威	●			◎			2,000
QR	華碩電腦股份有限公司	2357	華碩	●		◎				100
QS	南亞電路板股份有限公司	8046	南電	●		◎				100
QT	超豐電子股份有限公司	2441	超豐	●		◎				2,000
QU	南茂科技股份有限公司	8150	南茂	●		◎				2,000
QV	臺灣光罩股份有限公司	2338	光罩	●		◎				2,000
QW	威盛電子股份有限公司	2388	威盛	●		◎				2,000
QX	萬海航運股份有限公司	2615	萬海	●		◎				2,000
QY	高端疫苗生物製劑股份有限公司	6547	高端疫苗	●			◎			2,000

標的證券資訊

股票期貨、選擇權商品代碼	標的證券	證券代號	標的證券簡稱	是否為標的		標的證券				標準型證券股數
				股票期貨	股票選擇權	上市普通股	上櫃普通股	上市ETF	上櫃ETF	
QZ	力晶積成電子製造股份有限公司	6770	力積電	●		◎				2,000
RA	奇鋐科技股份有限公司	3017	奇鋐	●		◎				2,000
RB	中磊電子股份有限公司	5388	中磊	●		◎				2,000
RC	漢翔航空工業股份有限公司	2634	漢翔	●		◎				2,000
RD	中天生物科技股份有限公司	4128	中天	●			◎			2,000
RE	新唐科技股份有限公司	4919	新唐	●		◎				2,000
RF	嘉澤端子工業股份有限公司	3533	嘉澤	●		◎				100
RG	健策精密工業股份有限公司	3653	健策	●		◎				100
RI	國泰臺灣高股息傘型證券投資信託基金之臺灣 ESG 永續高股息 ETF 證券投資信託基金	00878	國泰永續高股息 ETF	●				◎		10,000
RJ	大亞電線電纜股份有限公司	1609	大亞	●		◎				2,000
RK	金像電子股份有限公司	2368	金像電	●		◎				2,000
RL	元晶太陽能科技股份有限公司	6443	元晶	●		◎				2,000
RM	富邦媒體科技股份有限公司	8454	富邦媒	●		◎				2,000
RN	合一生技股份有限公司	4743	合一	●			◎			2,000
RO	立端科技股份有限公司	6245	立端	●			◎			2,000
RP	寶雅國際股份有限公司	5904	寶雅	●			◎			2,000
RQ	富邦媒體科技股份有限公司	8454	富邦媒	●		◎				100
RR	寶雅國際股份有限公司	5904	寶雅	●			◎			100
RS	力旺電子股份有限公司	3529	力旺	●			◎			100
RU	世紀鋼鐵結構股份有限公司	9958	世紀鋼	●		◎				2,000
RV	台達電子工業股份有限公司	2308	台達電	●		◎				100
RW	創意電子股份有限公司	3443	創意	●		◎				100
RX	富邦富時越南證券投資信託基金	00885	富邦越南 ETF	●				◎		10,000

標的證券資訊

股票期貨、選擇權商品代碼	標的證券	證券代號	標的證券簡稱	是否為標的		標的證券				標準型證券股數
				股票期貨	股票選擇權	上市普通股	上櫃普通股	上市ETF	上櫃ETF	
RY	群益臺灣 ESG 低碳 50 ETF 證券投資信託基金	00923	群益台ESG低碳50ETF	●				◎		10,000
RZ	元大美國政府 20 年期（以上）債券證券投資信託基金	00679B	元大美債20年ETF	●					◎	10,000
SA	美時化學製藥股份有限公司	1795	美時	●		◎				2,000
SB	中華紙漿股份有限公司	1905	華紙	●		◎				2,000
SC	聚陽實業股份有限公司	1477	聚陽	●		◎				100
SD	中興電工機械股份有限公司	1513	中興電	●		◎				2,000
SE	智邦科技股份有限公司	2345	智邦	●		◎				100
SF	台光電子材料股份有限公司	2383	台光電	●		◎				100
SG	國泰全球智能電動車 ETF 證券投資信託基金	00893	國泰智能電動車ETF	●				◎		10,000
SI	元大美國政府 1 至 3 年期債券 ETF 基金	00719B	元大美債1-3ETF	●					◎	10,000
SJ	神基投資控股股份有限公司	3005	神基	●		◎				2,000
SK	至上電子股份有限公司	8112	至上	●		◎				2,000
SL	技嘉科技股份有限公司	2376	技嘉	●		◎				100
SM	群益臺灣精選高息 ETF 證券投資信託基金	00919	群益臺灣精選高息 ETF	●				◎		10,000
SN	復華臺灣科技優息 ETF 證券投資信託基金	00929	復華臺灣科技優息 ETF	●				◎		10,000
SQ	中國信託多元收益債券 ETF 傘型證券投資信託基金之中國信託 10 年期以上高評級美元公司債 ETF 證券投資信託基金	00772B	中信高評級公司債ETF	●					◎	10,000
	標的合計數：			275	48	208	51	13	3	

註：最新更新（生效）日期：2024 年 5 月 2 日。
資料來源：臺灣期貨交易所

【外匯及利率選擇權的應用】升、降息；升、貶值估不準？雙率選擇權提供規避風險的選擇！

規避雙率 —— 匯率、利率 —— 的波動工具，有了新選擇。瞭解如何應用外匯及利率選擇權，不管是法人還是自然人，都可以規避不可預期的波動幅度所帶來的投資風險。只是，水能載舟亦能覆舟，如果投資人不諳其中的操作要點，可能會讓原本是要用來避險的商品，反讓投資人荷包失血，不可不慎。

單元重點

· 進、出口廠商應該要學會的避險機制 —— 匯率選擇權
· 雙元貨幣 —— 賺了利息，有可能換到弱勢貨幣
· 升、降息 讓利息費用增加或利息收益減少 —— 利率選擇權可以規避利率波動的風險

進、出口廠商應該要學會的避險機制 —— 匯率選擇權

Q **現代人的資產配置中，少不了以外幣計價的資產；可是，以外幣計價，就會承受匯率波動而使得資產有匯兌損失的風險。既然選擇權有規避風險的機制，那麼，有什麼金融商品，可以降低匯率波動的風險嗎？**

A 持有外幣計價的資產，除了可以讓自己的投資組合更為多樣化、更有機會提高報酬率之外，相對的，也讓自己的資產，會隨著本國經濟的好壞、本國幣與外幣之間的升貶值態勢，而有所消長。為了規避匯率不可預期的波動幅度，大多數的投資朋友會透過交易諸如衍生性金融商品，來當作資金避險的工具。這些衍生性金融商品包括：遠

期外匯、外匯期貨、外匯選擇權以及外匯期貨選擇權等等；這當中最受一般人青睞，也是大型金融機構特別是銀行會主推給客戶的商品，就是「匯率選擇權」（ Foreign exchange option，簡稱：FX Option ）。只是，水能載舟亦能覆舟，如果投資人對於這個金融商品的特性及運作規則不熟悉，導致預期方向失準、或者未能及時停損的話，也會讓原本是打算用來避險的商品，反會讓投資人的荷包失血、損失慘重，不可不慎。

Q 什麼是「匯率選擇權」？要怎麼操作呢？

A 延續我們之前各單元所提到的觀念，所謂的「匯率選擇權」，它就是一種以「匯率」作為「交易標的」所訂定之買賣契約；它能夠讓「買方」（需要支付權利金，所以，擁有了「權利」）可以在未來特定日期或期間內，以事先約定好的「履約匯率」（Strike Price）（類似於我們之前提到的「履約價」）向交易對手（就是「賣方」）進行「買入」或「賣出」固定金額「特定貨幣」之權利。

跟之前提到的選擇權觀念一樣，匯率選擇權的「買方」需要支付「權利金」，因而獲得要求「賣方」履約的權利；而匯率選擇權的「賣方」則因為收取了權利金，就必須承擔選擇權履約的義務。同樣地，匯率選擇權的買方，也可以選擇「買入買權」或「買入賣權」，與交易的賣方進行選擇權契約的訂定。

複習完這些基本觀念之後，我們再來看看，匯率選擇權的商品規格。

☆ 商品規格：特定的幣別、短天期為主、部分商品有額度限制

一、交易幣別：大多數銀行能夠承作的幣別，仍是以常見的主要貨幣為主，例如：美元、歐元、日圓

及英鎊等與新臺幣之兌換匯率為交易標的，其他外幣間的選擇權則較不普及，有些得要依照市場狀況及客戶之需要量身打造，自然交易門檻、成本等條件，就會比較高。

二、**契約期間：**常見的契約存續期間，仍以短天期為主；最長多以二年為限；並且以固定到期日（即歐式選擇權）方式承作為原則，到期不得展期。

三、**交易額度：**如果投資人是擔任買方（就是買入選擇權），因為是付出權利金，通常無額度之限制；但是，若投資人是擔任賣方（就是賣出選擇權）時，牽涉到需要繳交保證金的機制，就得要在交易之前，先向承作的銀行申請相關額度，待核准之後，才能夠交易。

四、**交割方式：**投資人可選擇「差額交割」或是「實質交割」。但有些外幣之間，只允許選擇「差額交割」；例如美元對人民幣 NDO 僅可選擇以美元作「差額交割」。

 NDO：無本金交割遠期外匯選擇權（Non-deliverable Option），其操作邏輯與 NDF（無本金交割遠期匯率，Non-deliverable Forward）概念接近，兩者主要都是用來提供臺商的人民幣避險需求。

　　為了讓讀者們更加瞭解匯率選擇權的承作或運用時機，以下的案例，將以美元計價的進、出口廠商為例說明，當這些進、出口廠商對於美元未來（相較於新臺幣）可能大幅度的升值或貶值時，可以找銀行承作哪種樣態的匯率選擇權商品，來規避風險、降低成本或損失。

☆ 案例分析一：進口廠商，擔心美元將大幅地升值、新臺幣將大幅地貶值，因此，將要以更多的新臺幣才能換到美元（成本會變多）。

● **選擇權型態：**買進美元買權／新臺幣賣權（BUY USD CALL /TWD PUT）

1. **適用時機：**進口廠商擔心美元將大幅地升值：採取買入買權（BUY CALL）的策略

2. **案例背景：**假設某一進口廠商，在六個月之後，須準備 100 萬美元支付進口貨款，擔心未來美元大幅地升值，屆時會需要動用更多的新臺幣，才能夠換到彼時等值 100 萬美元來支付進口貨款，而墊高進口成本，這時候，可以找銀行承作：買進六個月期，履約價為 31.500 的美元買權契約：

   • **選擇權型態：**買進美元買權／新臺幣賣權（BUY USD CALL /TWD PUT）

   • **期間（Tenor）：**六個月

   • **履約價（Strike Price）：**31.500（可以視為該進口廠商可以忍受的最高的進口成本匯率價格）

   • **名目本金（Notional Amount）：**USD1,000,000

   • **權利金（Premium）：**USD9,500

該進口廠商支付權利金 USD9,500 給銀行之後，取得六個月後可以履約價 31.500 買入美元的權利。

六個月之後的情境分析

情境	作法分析	作法分析
六個月後，美元對新臺幣匯率	31.000（相較於 31.500，美元貶值、新臺幣升值）	32.000（相較於 31.500，美元升值、新臺幣貶值）
進口商會如何交易？	放棄執行權利（不履約）（只要匯率數字小於31.5，都不會履約）	執行權利（履約）（只要匯率數字大於31.5，都會履約）
	直接在市場以 31.000 的匯率，支付新臺幣 3,100 萬，換得美元 100 萬。因為不履約，所以，會損失權利金 USD9,500。	依履約價 31.500 的匯率，支付新臺幣 3,150 萬，向銀行換得美元 100 萬。

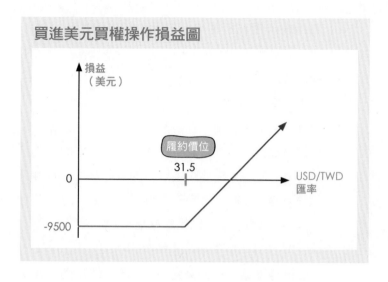

買進美元買權操作損益圖

損益
（美元）

履約價位

31.5

0

USD/TWD
匯率

-9500

⭐ 案例分析二：出口廠商，擔心美元將大幅地貶值、新臺幣將大幅地升值，因此，換回的新臺幣（營收）會變少。

● **選擇權型態**：買進美元賣權 / 新臺幣買權（BUY USD PUT /TWD CALL）

1. **適用時機**：出口廠商擔心美元將大幅地貶值：採取買入賣權（BUY PUT）的策略

2. **案例背景**：假設某一出口廠商，在六個月之後，會收到一筆 100 萬美元的貨款，擔心未來美元會大幅地貶值，屆時能夠換回來的新臺幣會更少，而減少營業收入，這時候，可以找銀行承作買進六個月期，履約價為 32.000 的美元賣權契約。

● **選擇權型態**：買進美元賣權 / 新臺幣買權（BUY USD PUT /TWD CALL）

● **期間（Tenor）**：六個月

● **履約價（Strike Price）**：32.000（可以視為該出口廠商可以忍受的最低的出口營收匯率價格）

● **名目本金（Notional Amount）**：USD1,000,000

- **權利金（Premium）**：USD9,500

該出口廠商支付權利金 USD9,500 給銀行之後，取得六個月後可以履約價 32.000 賣出美元的權利。

六個月之後的情境分析

情境	作法分析	作法分析
六個月後，美元對新臺幣匯率	@32.500（相較於 32.000，美元升值、新臺幣貶值）	@31.500（相較於 32.000，美元貶值、新臺幣升值）
進口商會如何交易？	放棄執行權利（不履約）（只要匯率數字大於 32，都不會履約）	執行權利（履約）（只要匯率數字小於 32，就會履約）
	直接在市場上以 @32.500 的匯率，賣出美元 100 萬，換回新臺幣 3,250 萬。因為不履約，所以，會損失權利金 USD9,500。	依履約價 @32.000，向銀行賣出美元 100 萬換得新臺幣 3,200 萬。

買進美元賣權操作損益圖

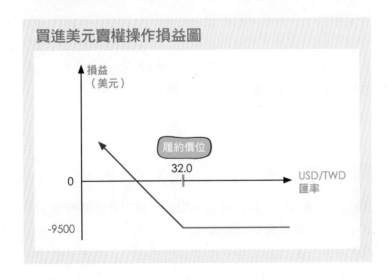

● 操作要點：

　　匯率選擇權的「買方」，可在匯率變化有利於自己時，執行該項權利。萬一匯率波動情況出乎意料時，就放棄執行該項權利（就好比買了張保險，頂多損失權利金）。所以，只要是未來對於某外幣有供給（例如出口廠商，未來會供給美元）或需求（例如進口廠商，未來會需要美元）時，就可以找銀行承作匯率選擇權；支付點權利金（好比支付點「保費」買保險一樣）擔任選擇權的買方，就可以有「進可攻，退可守」的好處，進而可以規避新臺幣升值、貶值的風險。

　　至於如果投資人擔任選擇權的賣方，雖然可以在交易成立時，收取權利金，提高收益率；但必須在交易前，向承作的銀行申請相關額度，經過核准之後，才可以賣出選擇權。另外，當選擇權的買方提出履約要求，選擇權的賣方有義務依約買入或賣出標的貨幣，勢必得承擔強勢貨幣轉換成弱勢貨幣（資金被套牢了）、或者必須償付匯差損失（馬上虧錢）的風險。因此，在或有風險較高之下，選擇權的賣方，比較適合由法人機構充任。

雙元貨幣──賺了利息，有可能換到弱勢貨幣

Q 那有適合給一般自然人投資的「賣出外匯選擇權」方式，來提高投資收益的商品嗎？

A 有的，是一種稱為「雙元貨幣投資」、或者「雙元貨幣組合式商品」（Dual-Currency Investment，又稱 DCI）。這種外匯商品，會涉及到兩種貨幣，是透過「外幣定期存款」與「賣出匯率選擇權」組合而成。它的商品特色是：一、投資門檻低，每筆達等值 1 萬美元以上即可交易；二、投資天期短，短則一週、最長也不過二個月；三、交易幣

別可多達十多種，舉凡常見的美元、歐元、英鎊、澳幣、紐幣、日圓、加幣、瑞士法郎等，都是詢問度很高的商品；甚至於南非幣、墨西哥披索這些平常較為罕見的幣種，都有銀行承作。有些銀行的財富管理部門，甚至於標榜這種商品在交易幣別、連結幣別、商品天期、轉換匯率、商品收益等，都可以自行搭配選擇，組合成多樣化的資產配置。

　　DCI 藉由「賣出」匯率選擇權的設計，有機會獲得優於一般外幣定存之收益。但缺點是，DCI 的交易，有本金（如果原來是投資美元）被轉換成弱勢貨幣（例如歐元）的風險，是屬於「保息不保本」的商品。因此，要提醒投資朋友的是，DCI 雖然可以獲取較定存高的利息收益（通常是不能夠辦理提前解約），當本金一旦被轉換成弱勢貨幣後，若對於此相對弱勢的貨幣（例如歐元）仍有實質需求者（例如：可將歐元轉作投資、旅遊、留學或支付貨款等用途）；或者，即便是被套牢，也願意等候弱勢貨幣回到原先的價位之後才予以兌換回來的投資人，會較適合投資此一商品。

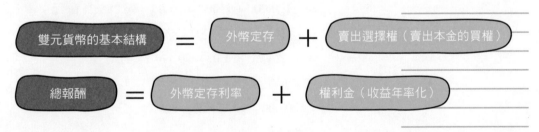

☆ 投資範例

　　投資人承作雙元貨幣的交易條件如下：

　　投資本金 = 100,000 美元

　　承作幣別 = 歐元／美元

　　投資天期 = 30 天

　　投資時匯率＝即期匯率：1.06，到期履約匯率：1.05

美金存款利率＝1.2%（年息）

賣出選擇權權利金收入＝1,000 美元

● **情境 1：**到期若歐元／美元升值來到 1.07

年化總收益率＝本金存款收益率＋選擇權權利金
（年化）

＝1.2% ＋ 1,000/100,000 × 360/30

＝1.2% ＋ 12%

＝13.2%

投資收益

＝100,000 × 13.2% × 30/360

＝1,100 美元

● **情境 2：**到期若歐元／美元貶值來到 1.03（所以，
歐元成為弱勢貨幣）

依履約匯率轉換為歐元

＝（100,000 ＋ 1100）÷ 1.05 ＝ 96,285.71 歐元

依目前 1.03 計算回美元價值

＝96,285.71 × 1.03 ＝ 99,174.28 美元

投資損失

＝100,000 － 99,174.29 ＝ 825.71 美元

損失幅度

＝825.71/100,000 ＝ 0.83%（損失不以年化來計算）

升、降息，讓利息費用增加或利息收益減少——
利率選擇權可以規避利率波動的風險

Q 過往在經濟情況不佳的時候，央行往往會降息，協助

企業或個人走過資金緊俏的難關。相反的，有時景氣過熱，又會讓央行，像美國聯準會在 2022 年一樣－暴力升息。利率的升降，不僅會讓民眾的存款利息縮水、貸款利息負擔增加；也會讓企業的營運成本起伏不定。請問，也有選擇權商品，可以規避利率波動的風險嗎？

Ⓐ 透過利率選擇權的操作，的確可以幫助「買方」在支付權利金、取得選擇權時，就將利率「固定」在一定的水準，以避免利率的波動，朝向不利於買方時，造成買方的損失。我們可以透過定義，先來瞭解「利率選擇權」這項商品的特性。

所謂「利率選擇權」交易（Interest Rate Option 或 IRO）就是以「利率」為交易標的物的一種選擇權交易合約。「利率選擇權」的「買方」於訂約時，支付權利金予「賣方」，雙方約定在未來某一特定的時間點，當約定的「指標利率」高（低）於「履約利率」時，「買方」有權利獲得（賣方有義務支付）「指標利率」與「履約利率」所計算出的利息差額。

瞭解了「利率選擇權」的交易架構之後，我們進一步地瞭解，付出權利金的「買方」可以有怎樣的好處？

一、可以將其債務之「利息支出」控制在某一水準以下；或

二、將其投資／借款給別人可獲得之「利息收入」（收益率）固定在某一水準之上，達到避險的目的。

至於「利率選擇權」的賣方，一樣是收取權利金，但必須承擔，當買方要求履約，也就是利率往不利於己的方向變動時，所造成的可能損失。

我們一樣用案例的方式，來說明如何操作「利率選擇權」，協助自己規避利率變動的風險。

⭐ **案例分析一：擔心債務採取「浮動利率」的方式計息，會在利率持續走高時，導致債務成本增加。**

- **選擇權型態：** 利率上限契約（Cap），係由一連串「履約利率」相同，但「到期日」不同之利率上限選擇權所組成。

1. **適用時機：** 企業有貸款，擔心升息循環啟動時，會增加利息支出。買入「利率上限契約」，規避利率上調的風險。

2. **案例背景：** 小福公司有一筆債務是採取「浮動利率」的方式計息，企業主小福擔心未來央行啟動的升息循環，會讓利率持續走高，導致債務成本（所需支付的利息費用）增加。這時候，可以建議該企業主「買入」「利率上限」契約；之後，不論「浮動利率」如何變動，實際支付的利率，都將不會超過契約所訂定的「利率上限」；就算超過，該部分的利息，將會由「利率選擇權」的賣方支付給買方，作為「補償」，使得該公司的利息支出，得以控制在該公司可承受的範圍內。

3. **操作策略：** 小福公司跟銀行簽訂一筆新台幣三年期的貸款，利率訂為 3M TAIBOR （指標利率）+ 1.8%，每季付息一次。

- 如果小福公司擔心未來利率走高，則可支付權利金，向銀行購買一個三年期的利率上限契約（Cap），履約利率（上限利率）訂為 1.2%，每季比價一次。

- 若 3M TAIBOR 高於 1.2%，銀行將會補貼小福公司 3M TAIBOR 高過 1.2% 部分的利息；如果 3M TAIBOR 走低，則小福公司可不行使權利，頂多損失權利金。

- 以利率上限契約避險，若不考慮權利金成本，將使得小福公司的借款成本最高為 1.2% + 1.8% = 3.0%。

🌟 案例分析二：擔心投資部位採取「浮動利率」的方式給付利息，會在利率持續走低時，導致投資收益減少。

- **選擇權型態：**利率下限契約（Floor），係由一連串「履約利率」相同，但「到期日」不同之利率下限選擇權所組成。

1. **適用時機：**企業有一筆投資，擔心降息循環啟動時，會減少利息收入。此時可買入「利率下限契約」，規避利率下跌的風險。

2. **案例背景：**小福公司有一筆投資，是投資於浮動利率計息之債券，該企業主小福擔心未來央行啟動的降息循環，會讓利率持續走低；而利率下跌，將導致收益減少。

3. **操作策略：**小福公司曾經買進一張十年期的某企業公司債，計息方式是 3M TIBOR（指標利率）+ 1.5%，每季付息一次。小福擔心降息會讓自己的收益減少，則可支付權利金，買入「利率下限契約」，履約利率（下限利率）訂為 0.9%，每季比價一次。將利息收入控制在一定水準之上，來確保投資收益。不論利率如何變動，實際收取之利息均不會低於利率下限，低於利率下限的部分，將由賣方支付給買方作為補償。

- 若 3MTIBOR 低於 0.9%，銀行將會補貼小福公司低於 0.9% 的利息；若 3M TIBOR 走高，則小福公司可不行使權利，頂多損失權利金。

- 以利率下限契約避險，若不考量權利金成本，將使得小福公司的投資收益最低為 0.9% + 1.5% = 2.4%。

想要嘗鮮、品新奇之前，先學會解讀公開說明書

新奇選擇權多半會被運用在金融機構為個別客戶量身訂作之特殊選擇權工具組合，其契約條件，較之傳統選擇權商品，將會更加複雜；因此，想要被「量身打造」之前，就要瞭解這些「新奇」的細節。

單元單點

- 型態多變的「新奇選擇權」，「報酬」、「風險」各異
- 「新奇」的條件藏在細節裡，嘗鮮之前先解讀公開說明書
- 適用的場景＋財務條件＝可預期的報酬
- 投資新奇選擇權商品，面臨之前、中、後風險

型態多變的「新奇選擇權」，「報酬」、「風險」各異

Q 選擇權商品多半都是制式化、標準版的。如果想要找到較為特殊、或者基於小眾需求的選擇權商品，需要先注意哪些觀念嗎？

A 近年來，金融市場面對來自更多經濟、非經濟性變數的影響，導致想要評價許多傳統金融商品，越趨不易；而面對日益複雜的金融環境，投資朋友不管是想要套利、避險，甚或單純的想要找尋適當的投資工具來獲取利潤，難度也漸次提升。金融機構為了因應不同投資人的需求、創造更多商機，除了在期貨交易所掛牌交易的幾種「規格化」的商品之外，關於商品的分眾設計，也日益精細。除了因為運用選擇權相關的概念，不僅可以將常見的指數、股票作為標的，設計出法人機構、小資男女都可以參與其間的商品；甚至於需要預測貨幣政策的走勢，才能有較明確布局方向的「雙率」變數，都可以藉由選擇權的基本觀念，架構出眾多避險的商

品，以因應不同需求的各類客戶族群。而這些獲利及風險型態更為複雜、條件更為特別的選擇權，市場上統稱為「新奇選擇權」（Exotic Option）。

新奇選擇權的設計，本諸於原本報酬型態就複雜多變的選擇權架構，再加上不同的履約時間、不同的履約價格等參數，把這些眾多變數排列組合下來，「新奇選擇權」所衍生出各種商品的型態，可說是琳瑯滿目。也由於每項「新奇選擇權」的報酬型態各異，投資朋友想要找到適合的商品、將之納入投資組合，以降低風險、提高報酬率，就得要先瞭解各式各樣的「新奇選擇權」的特色；避免因為望文生義而產生誤解、導致虧損，甚至於「越避越險」，那就白費工夫了！

「新奇」的條件藏在細節裡，嘗鮮之前先解讀公開說明書

Q 目不暇給的「新奇選擇權」商品，會讓人眼花撩亂，那麼有哪些是投資人比較會運用到的，而且也適合納入資產配置的呢？

A 「新奇選擇權」的型態雖然五花八門，但原則上，報酬率的高低，除了會取決於其所連結標的（例如股價指數、利率、匯率），在契約存續期間的變化之外，還會跟契約期間內，是否符合若干條件而定；所謂「新奇」，也就是藏在「細節」裡。

本單元將會循序漸進地介紹幾種常見「新奇選擇權」的樣態，解釋在滿足什麼條件之下，可能獲取多少的報酬；以及會有哪些適用的場景，以利投資朋友可以在檢視自己的財務條件之後，找尋適合自己的商品，架構出更為有效率的資產配置。

財務條件 ＋ 適用的場景 ＝ 可預期的報酬

☆ ❶ 彩虹選擇權（Rainbow Option）

定義：又稱為「多重資產選擇權（Multi-Asset Option）」，選擇權的價值是由兩種以上標的資產價格所共同決定。而在選擇權到期時，投資人可依據「最有利」或是選擇權條件中「事先約定」的情況，選擇其中一種標的資產來履約，計算其報酬率。由於彩虹有多種顏色，因此，在設計選擇權的產品時，如果用以決定，該選擇權是否可以達到履約狀態的價格，竟是包含著要滿足多個標的資產（標的種類可以是股票，也有可能是匯率、農產品、原物料等大宗物資）之績效最佳（或最差）者，就會稱其為「彩虹選擇權」。

常見的有選擇兩個或三個標的，作為計算報酬率的參考的，就可稱其為「雙色選擇權」以及「三色選擇權」。由於推出商品的金融機構，在選擇這些標的資產時，可能選到的各標的資產，其價格的走勢變化，會具有相關性（correlation）－也就是有可能齊漲齊跌；因此，當選擇要投資這類的商品時，也得考慮到，要如何規避這些標的資產之相關性風險（correlation risk）。

我們來看一下，彩虹選擇權的例子。

案例❶：以雙色彩虹選擇權為例，我們舉的例子是取其中「最大值」的「歐式」「看漲」選擇權。這種選擇權商品，會有兩種標的，而收益的高低，是取決於這兩種標的資產中，上漲幅度較大的那個；而因為是歐式選擇權，所以，只可以在到期日那天行使權利。

假如合約的重要條款是：

1.標的資產是電子類股指數和金融類股指數；

2.某年的 5 月 10 日上市，6 月 8 日為到期日；

3.履約價格為初始價格的 105%。

從以上的條件可知，標的資產必須要上漲超過 5%，才有履約價值。

假設 5 月 10 日收盤時，電子類股指數和金融類股指數分別為 1965 點和 1110 點。在到期日（6 月 8 日）收盤時，電子類股指數和金融類股指數分別為 2041 點與 1294 點。所以，在這段期間內，電子類股指數和金融類股指數的漲幅分別為：

電子類股指數漲幅：（2041 – 1965）／ 1965 = 3.87 %

金融類股指數漲幅：（1294 – 1110）／ 1110 = 16.58%

這其中，電子類股指數上漲的幅度（3.87%）小於 5%；但是，金融類股指數上漲的幅度（16.58%）大於 5%。

按照彩虹選擇權的定義，關於最終報酬率的多寡，是要取這兩者的較大值——16.58% 來計算，因此，承作此選擇權的客戶，在到期日那天，能夠獲得的收益為：16.58% – 5% = 11.58%。

承作此彩虹選擇權的客戶，將可以不用糾結在是要投資電子類股指數還是金融類股指數；只要在到期時，哪種標的的收益更大（但是要超過 5%），就選擇哪一個來計算損益。因為可以採計／兼顧兩種標的，所以，選擇該商品的客戶，將會付出更多的權利金。

案例❷：張先生買進一三色彩虹選擇權，該契約的條件是以 A、B 與 C 公司股票的年報酬率為標的物，名目本金為 100 萬元，履約的報酬率，是要超過 15%，期間為一年。假設一年後 A、B 與 C 公司股票的年報酬率分別為 18%、9% 與 -6%，請問張先生到期的報酬為多少（假設不考慮彩虹選擇權的取得及其他交易成本）？

按照彩虹選擇權的定義，關於最終報酬率的多寡，是要取這三者的較大值來計算（本例為 18%），因此，承作此

選擇權的張先生，在到期日那天，能夠獲得的收益率為：18% － 15% = 3%。但因為張先生投資的名目本金是 100 萬元，所以，最終的獲利是 3 萬元（100×3% = 3）。

☆❷ 價差選擇權（Spread Option）

定義：價差選擇權也是屬於彩虹選擇權的一種，只不過該商品最終價值／報酬的計算，將會是取決於兩個資產（例如 A、B 兩檔股票）的「價差」，而非個別資產之「絕對報酬」。甚至於，還可以進一步設計成，當兩個標的資產之報酬差異，超過「某一特定值」後，該選擇權才具有價值。

案例型態重點：如果想要選擇該種型態的選擇權商品，就必須對於 A、B 兩檔股票的未來走勢有所瞭解；甚至於，如果認為 A、B 兩檔股票未來可能的走勢，是「南轅北轍」（一漲一跌）的話，那麼這種型態的選擇權，將會有更高的報酬（因為價差更大）。

☆❸ 籃中選擇權（Basket Option）

定義：籃中選擇權，就是有數檔股票，組合成一籃子的投資組合，該選擇權的整體報酬，將會取決於該籃子裡面所有的股票，按照約定的條件或公式計算出來的。

案例型態重點：籃中選擇權裡面的股票投資組合，假設是 40% 的台積電、30% 的台泥、加上 30% 的國泰金。買進這一籃子的選擇權，就等同於你買了 40 口的台積電、30 口的台泥、50 口富邦金的股票選擇權的效果一樣。藉由擁有多元的標的，可以降低整體投資組合的波動性、兼顧產業輪動的好處。

🌟❹ 界限選擇權（又稱為障礙選擇權）（Barrier Option）

定義：「界限選擇權」之價值，將會依照標的物的價格，是否能夠在「有效期間內」漲（或跌）至事先約定的「界限價格」（或稱「障礙價格」）（barrier price）。當未來該標的物的價格漲（或跌）到事先約定的「界限價格」時，該選擇權會「失效」（或者稱為「出局」）（knock-out, KO）；也有可能是，當未來該標的物的價格漲（或跌）到事先約定的「界限價格」時，該選擇權才會「生效」（或者稱為「入局」）（knock-in, KI）。常見的樣態還有：

4-1：當標的物的市價，上漲至某一價位時，將會導致該選擇權契約失效者，稱為「上漲失效選擇權」（Up-and-Out Option）。

4-2：當標的物的市價，上漲至某一價位時，才會讓該選擇權契約開始生效者，稱為「上漲生效選擇權」（Up-and-In Option）。

4-3：當標的物的市價，下跌至某一價位時，將會導致該選擇權契約失效者，稱為「下跌失效選擇權」（Down-and-Out Option）。

4-4：當標的物的市價，下跌至某一價位時，才會讓該選擇權契約開始生效者，稱為「下跌生效選擇權」（Down-and-In Option）。

4-5：當即期匯率觸及某一約定匯率時，將會導致該選擇權契約即刻失效者，該選擇權稱為「一觸（或觸及）失效選擇權」（Knock-Out Option）。

4-6：當即期匯率觸及某一約定匯率時，將會使得該選擇權契約即刻生效者，該選擇權稱為「一觸（或觸及）生效選擇權」（Knock-In Option）。

4-7：同時擁有兩個門檻的選擇權，該選擇權稱為「雙門

檻選擇權」（Double Barrier Option）- 通常會設計成一觸生效、一觸失效的商品。

案例型態重點：在考慮簡單選擇權的型態是否具有履約價值時，只要在到期時（或者契約存續期間），看看目前的市價跟履約價格比較，是在價內或者價外？就可以判斷出是否具有履約價值。但是，「界限選擇權」，在產品的設計上，卻會定義出某些上、下限的數值。例如，某個界限選擇權商品，是以現貨—臺指為標的，設定在上限 21,000，下限 19,000；3 個月後到期。如果你今天買進一口界限選擇權，當大盤指數跌破 19,000 時，這口契約，將會即時作廢，而不管是否到期；即便大盤指數後來在期限內又漲上去了，但是，該選擇權契約已經作廢了。再者，在到期前、或者在到期日當天，大盤指數並沒有上漲超過 21,000（這表示盤勢沒有如預期地強），那麼，該選擇權仍然作廢。

除了以指數當作兩個門檻的選擇權之外，銀行也常以匯率當作門檻，設計出同時擁有兩個門檻匯率的選擇權。

至於金融機構為什麼會這樣設計呢？主要原因是——權利金夠便宜，更足以吸引投資人來參與。

⑤ 亞洲選擇權／亞式選擇權（Asian Option）

定義：「亞式選擇權」也是一種簡單選擇權，其結算價是以標的物在某一段時間的平均值，例如存續期間（或到期前某段期間）的平均價格，做為標的物的市價，以此來計算是否具有履約價值？又履約價值是多少的一種選擇權。市場也會將之稱為平均式選擇權（Average Rate Option）。例如選擇結算日當天開盤之後若干分鐘的平均、或者以結算日起取前若干天的平均價，作為結算價。

案例型態重點：目前國內臺灣期交所推出的選擇權，多半都是最單純的選擇權，稱為簡單選擇權（plain option）；之所

以叫做「簡單」，是因為這些選擇權的條件都很「單純」；重要的條件，像是「履約價」、「到期結算方式」等條件，都是確定的。而一般常見的結算方式，就如定義所說的，可以是結算日當天開盤之後 15 分鐘的平均、或者以結算日起取前 30 天的平均價，作為結算價。這樣的好處是，亞式選擇權的波動性，較不易受到人為的操縱，因此，權利金也會比較便宜。

 三種跟「地理無關」的選擇權比較：

美式選擇權（American Option）：係指買方有權利、但沒有義務，在到期日之前，以履約價格買進或賣出標的資產。所以，這種選擇權有機會，可以被提早執行，到期時雙方則是以履約價格進行交割。大部分在交易所掛牌的選擇權商品均為美式選擇權。

歐式選擇權（European Option）：係指買方有權利、但沒有義務，但是只能在到期日當天，以履約價格買進或賣出標的資產。所以，這種選擇權不可以提早執行，只能夠等到到期時，雙方以履約價格進行交割。大部分在店頭市場交易的選擇權係為歐式選擇權。

亞式選擇權（Asian Option）：屬於新奇（Exotic）選擇權的一種。有別於上述兩種掛牌交易的標準化商品，新奇選擇權多半會被運用在金融機構為個別客戶量身訂作之特殊選擇權工具組合，其契約條件，較之傳統選擇權商品，將會更加複雜。亞式選擇權較常見於外匯及利率商品市場，其損益將決定於該契約存續期間內，標的資產在某一段時間之平均價格。

⑥ 回顧選擇權（Look-back Option）

定義：「回顧選擇權」的履約價格，可以依照在「回顧期間」（look-back period）內，該標的物所歷經的價格，按照契約內容，選取對選擇權持有者「最為有利」的價格來執行；因此，該選擇權又被稱為「最有利選擇權」（Most Favorable Option）。「回顧選擇權」的履約價格，也可以訂定在「回顧期間」內的「平均價格」，這種定義方式，對於選擇權的買賣雙方也較為公平，因為一段時間的平均價格，比較不會被任何一方所操弄。而平均價格的計算方式，可以是幾何平均

（geometric mean），也可以是算術平均（arithmetic mean）。

案例型態重點： 現行臺指選擇權的履約價是固定的，例如20,000、21,000、21,500...，但因為「回顧選擇權」在發行時，是沒有履約價的；或者說它的履約價定得很低，但是，它在某個特定的日子，會回顧歷史價格，再以最高或最低價作為履約價。舉例而言，假如某一交易所在202x/1/1日推出了回顧選擇權，買權call標的物是臺股現貨指數，時間一年，並訂定條件202x/7/1會以過去半年、臺指最高價做為履約價。假設這段期間的最高價是21,800，那麼它的履約價就會變成21,800。之後再根據條款去計算損益。要注意的是，對買權而言，履約價格愈低，獲利愈大；對賣權而言，履約價格愈高，獲利愈大。

☆ ❼ 數位選擇權（Digital Option）

定義：「數位選擇權」的結算方式，是在到期日時，當標的物的價格超過某一水準（履約價）時，選擇權的買方即可收取一固定金額；而選擇權的賣方，則須在到期日支付此固定金額。

案例型態重點： 目前市場上較為常見的「數位選擇權」商品型態，有 Wedding Cake（結婚蛋糕）、Range Accrual（區間計息）等型態的衍生性金融商品。我們可以藉由圖形說明，會更容易明瞭此商品的特點。

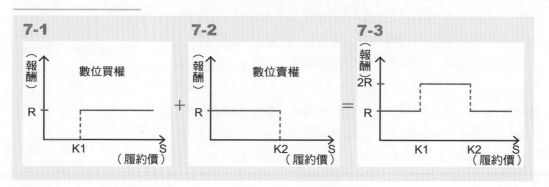

上圖 7-1,7-2,7-3，是三種基本型態（結婚蛋糕）的數位選擇權，其中 K1、K2 分別指的是兩個不同履約價位。藉由買進不同履約價（K1、K2）的數位買權、賣權，就可以一層一層地堆疊出，像是結婚蛋糕形狀的「數位選擇權」金融商品。

在圖 7-1 的數位買權中，只需要在到期日時，股價（或是匯價、利率等）在 K1 以上，就可以取得 R 的報酬。

在圖 7-2 的數位賣權中，只需要在到期日時，股價（或是匯價、利率等）在 K2 以下，就可以取得 R 的報酬。

而藉由買進不同履約價的數位買權、賣權，就可以一層一層地堆疊出，像是圖 7-3 類似結婚蛋糕形狀的「數位選擇權」金融商品。只需要在到期日時，股價（或是匯價、利率等）停留在 K1 與 K2 之間，投資人就可以取得 2R 的報酬了。

由於「數位選擇權」的報酬會設計成一固定值（例如上圖 7-1,7-2,7-3 的固定報酬 R 或 2R）或者是 0──也就是，當標的資產之市價落在「價內」範圍時，就會獲得一定額之報酬，否則就是 0；因此，這種型態的選擇權，又被稱為「雙元選擇權」（Binary Option）或者是「打賭選擇權」（Bet Option）。

⭐❽ 後決選擇權：

定義：「後決選擇權」是一種被設計成在未來「某特殊時間點」，才可以執行的「時間相依選擇權」。

案例型態重點：由於金融市場詭譎多變，常會受到非經濟性因素（例如重要的選舉、地緣政治或戰爭風險、天災、人禍、法規變動等）的影響，而讓股價、匯率出現不在預期之中的變化。而為了因應這些未來某些事件（event）的發生，而導致重大財物損失的風險時，就可以針對這些莫可名狀的風險，設計出相對應的選擇權 ──「後決選擇權」，來規避風險。

☆❾ 百慕達選擇權：

定義：「百慕達選擇權」或稱為「準美式選擇權」（Quasi-American Option）。這是一種在契約存續期限內，允許有多個「履約時間點」，可供選擇權買方選擇履約與否；且「履約價格」之訂定，還可以依照「履約時間點」的不同而有所差異的一種選擇權。

案例型態重點：這是一種「履約價格」、「履約時間點」都可以依據買方來調整的選擇權；只要買方有想法，都可以設計出，因應其想法或不同目的的選擇權。

投資新奇選擇權商品，面臨之前、中、後風險

Ｑ 如果想要投資這些新奇選擇權商品，有哪些風險需要事先留意的呢？

Ａ 目前較積極開發出這些新奇選擇權商品的，以銀行的財富管理部門居多；其中，又以牽涉到雙率（利率跟匯率）的商品，更是受到歡迎。為了讓投資人在投資之前，就先有風險意識，通常金融商品的銷售人員，也會把相關的風險一一的揭露出來，並跟客戶解釋清楚。我們會把較為常見的新奇選擇權商品案例，放在第二天的「第一次就上手」，為讀者們詳細解說商品的條款。在本單元，我們先把這些商品可能會有的主要風險，整理如後，提醒讀者們在投資之前，除了要先確定自己的風險承受度之外，也要注意投資該商品之前、中、後可能遇到的風險。

　　相關的風險包括：

❶ 匯率風險：如果是牽涉到兩種外幣（例如：美元跟日元，就會分別被稱為是基準貨幣及相對貨幣）的商品，那麼，只要是在該商品的存續期間內，該選擇權的市場價格，將

會受到基準貨幣及相對貨幣之匯率變動所影響。關於影響匯率變動的可能因素，讀者可以參考另外一本專書《3 天搞懂財經資訊》。

❷ **利率風險**：除了匯率波動，會影響價格之外，由於一國的匯率也會受到該國貨幣政策—利率升降的影響，所以，該新奇選擇權商品，在存續期間之市場價格，也會受到基準貨幣國（例如美國）及相對貨幣國（例如日本）利率變動之影響。

❸ **匯兌損失風險**：如果投資朋友是為外匯選擇權的賣方，那麼在到期時，投資朋友可能須依照履約價格買進「弱勢貨幣」（例如：日元），且賣出相對「強勢貨幣」（例如：美元），如此一來，將會產生匯兌損失風險。

❹ **時間風險**：如果投資朋友是承作天期較長之選擇權商品，將會有因為資金投入（或者是資金被鎖住）期間較長，而有較高之機會成本風險。

❺ **權利金損失風險**：如果投資朋友是為外匯選擇權的買方，在比價日時，如果選擇權不被執行（就是價外，沒有履約價值），那麼投資朋友面臨的最大風險，就是會損失一開始就支付出去的權利金。

❻ **選擇權波動度風險**：新奇選擇權的商品，在存續期間之市場價格，將會受到選擇權波動度變動的影響，而起伏不定。根據前面幾個章節的介紹說明，選擇權金融商品之市價評估（mark-to-market，按市價計算）損益，會受到連結標的市場價格等因素之影響而變動。當市場價格走勢不利於投資人時，那麼該交易按照市價評估出來的損失，有可能會遠大於投資人的預期。如果是承作具有乘數／倍數條款之組合式交易，當市場價格不利於投資人時，交易損失將因具有乘數／倍數效果而擴大數倍，就會有所謂的「超額損失」。

❼ **提前解約風險：**如果投資人因故打算提前解約（尚且需要經過交易的另外一方，也就是銀行同意），就得需要負擔因提前解約所產生之市場價格波動所衍生的相關成本或費用。這是因為，當一筆交易提前終止時，銀行端或承作的金融機構得要依照當時之市場價格，去結算應付款之數額；再者，因為是提前解約，也有可能產生違約金。另外，有些銀行還會收取提前解約所衍生之資金成本或風險成本等費用。除了上述因為提前解約所衍生之費用，銀行會將之轉嫁給投資人負擔之外，因為在契約到期前解約、終止交易，如果在解約當時的市場價格不利於投資人時，投資人還有可能會承受鉅額的損失。

❽ **超額承作的風險：**如果投資朋友是以避險為目的，去尋找並承作相關的選擇權商品的話，所承作之衍生性金融商品部位，如果其契約金額大於實質需求，那麼超額部分，將會承受無實質部位覆蓋／保護之風險。

新奇選擇權的型態多變，是一項可以參照投資人的避險、套利或純粹交易等需求，而為其量身打造的金融商品。因為型態繁複，報酬跟風險的計算，也需按照不同的交易條件，而逐條計算與討論，這是投資朋友們在選擇並交易新奇選擇權商品之前，一定要有的認知。

課後心得
重點整理

新奇選擇權商品案例

客戶選擇銀行推出的一檔新奇選擇權商品，在公開說明書中，我們挑出以下重要的條款：

客戶是賣出一個基準貨幣 EUR 觸價失效／觸價生效 選擇權賣權，

相對貨幣：USD

即期匯率：1.0700

名目本金：EUR 1,000,000

履約價格：1.0500

失效價格：1.0800

生效價格：1.0000

權利金：0.20% 名 目 本 金 或 EUR2,000.00

交易日：202x/01/08

比價日：202x/04/08

到期日：202x/04/10

名詞說明：

❶ 基準貨幣也就是買／賣的「基準」，在本例為歐元 EUR。

❷ 觀察期間：從「交易日」交易時間起至「比價日」比價時間止。若「比價日」跟「到期日」是同一天的話，那麼「觀察期間」也就是契約的「存續期間」。

❸ 觸價失效事件：於觀察期間內之任一時間點，「即期匯率」曾觸及失效價格，就稱為「觸價失效事件」。以本例而言，指的是「即期匯率」高於（也有可能包含等於）1.0800 時；這時候，表示歐元相對於美元是升值的。要注意的是，「觸價失效事件」是否發生，會由計算機構（也就是銀行）合理決定之。

❹ 觸價生效事件：於觀察期間內之任一時間點，「即期匯率」曾觸及生效價格，就稱為「觸價生效事件」。以本例而言，指的是「即期匯率」低於（也有可能包含等於）1.0000 時；這時候，表示歐元相對於美元是貶值的。要注意的是，「觸價生效事件」是否發生，會由計算機構（也就是銀行）合理決定之。

❺ 比價匯率：「比價日」比價時間之即期匯率，會由計算機構（也就是銀行）合理決定之。

解讀契約條款、並計算損益：

在解讀契約條款時，我們除了要先明白各個關鍵名詞的意義之外，也得要知道，在哪些條件發生時，損益狀況分別會是如何？我們可以兩個步驟來解析：

● **步驟一：先確定該新奇選擇權合約是否生效？**

以本例而言：

如果 (1)「觸價生效事件發生」（所以契約生效了），且 (2)「觸價失效事件未曾發生」（所以契約沒有失效），那麼，這檔新奇選擇權的商品才會生效。

● **步驟二：計算損益數字**

情境一：

在「比價日」時，如果「比價匯率」高於或等於「履約價格」，也就是「基準貨幣」（在本例為歐元）較「相對貨幣」（在本例為美元）強勢（也就是歐元相對於美元是升值的），那麼該選擇權將「不會」被執行。

這時候，選擇權的買方（銀行）於此筆交易中，支付的權利金，就是其交易成本；而選擇權的賣方（客戶）於此筆交易中享有權利金收入。

情境二：

在「比價日」時，如果「比價匯率」低於或等於「履約價格」，也就是「基準貨幣」（在本例為歐元）較「相對貨幣」（在本例為美元）弱勢（也就是歐元相對於美元是貶值的），那麼該選擇權將有「可能會」被執行——端視選擇權的買方，願不願意執行該選擇權。

假設在本例當中：

選擇權的「買方」（銀行）（有權利）選擇執行選擇權時，選擇權「買方」可依「履約價格」「賣出」「基準貨幣」且「買進」「相對貨幣」。

接著，再依「比價匯率」與「履約價格」計算出該產品的市價損益。這時候，選擇權「買方」可能會享有收益。

而選擇權的「賣方」（客戶）（有義務）須依「履約價格」「買進」「基準貨幣」，且「賣出」「相對貨幣」。

接著，再依「比價匯率」與「履約價格」計算出該產品的市價損益。這時候，選擇權「賣方」可能會受有損失。

案例解析：

根據上述重要的交易條件，對於該商品，我們可有以下的情境分析：

情境（一）：在觀察期間內，如果

(1) 觸價生效事件未曾發生（所以契約不會生效）；或 (2) 觸價失效事件曾發生（所以契約失效），在比價日時，選擇權將不會被執行，客戶於此筆交易中有權利金收入。

情境（二）：在觀察期間內，如果

(1) 觸價生效事件發生（所以契約生效），且 (2) 觸價失效事件未曾發生（所以契約不會失效），則選擇權生效。

接著，就是計算損益：

(A) 在比價日時，如果 EUR 兌 USD 之「比價匯率」（假設 1.0501 或以上）高於「履約價格」（1.0500）（這表示：基準貨幣 EUR 較相對貨幣 USD 強勢），則選擇權將不會被執行，客戶於此筆交易中，享有權利金收入。

(B) 在比價日時，如果 EUR 兌 USD 之「比價匯率」（假設 1.0499 或以下）等於或低於「履約價格」（1.0500）（這表示：基準貨幣 EUR 較相對貨幣 USD 弱勢），而且選擇權被執行時（因為選擇權的買方，也就是銀行也有可能選擇不執行），那麼客戶須於到期日買進基準貨幣（EUR 1,000,000），且依履約價格賣出相對貨幣（USD 1,050,000）。這時候，如果按照「比價匯率」與「履約價格」計算該選擇權商品之市價損益，客戶很有可能受有損失。

我們可以站在客戶端的立場，把上述的契約生效及損益情況，列出下表供讀者們參考：

在觀察期間內若 (1) 觸價生效事　生，則選擇權生效：

件發生，且 (2) 觸價失效事件未曾發

EUR/USD 比價匯率	選擇權被執行之損益：名目本金＊（比價匯率－履約價格）÷比價匯率	客戶的權利金收入	客戶的選擇權投資淨收益（損失）
1.0501（或以上）	不執行	EUR2,000.00	EUR 2,000.00
1.0400	（EUR 9,615.38）（註一）	EUR2,000.00	（EUR 7,615.38）（註二）
1.0300	（EUR 19,417.48）（註三）	EUR2,000.00	（EUR 17,417.48）（註四）
1.0200	（EUR 29,411.76）（註五）	EUR2,000.00	（EUR 27.411.76）（註六）
1.0100	（EUR 39,603.96）（註七）	EUR2,000.00	（EUR 37.603.96）（註八）

註：
一、1,000,000×（1.0400 － 1.0500）／ 1.0400 = -9,615.38
二、2,000 － 9,615.38 = -7,615.38
三、1,000,000×（1.0300 － 1.0500）／ 1.0300 = -19,417.48
四、2,000 － 19,417.48 = -17,417.48
五、1,000,000×（1.0200 － 1.0500）／ 1.0200 = -29,411.76
六、2,000 － 29,411.76 = -27,411.76
七、1,000,000×（1.0100 － 1.0500）／ 1.0100 = -39,603.96
八、2,000 － 39,603.96 = -37,603.96

 投資警語

如果客戶是該新奇選擇權的賣方——也就是客戶是賣出一個基準貨幣觸價失效／觸價生效選擇權賣權（或買權），當觸價生效事件發生、且觸價失效事件未曾發生，那麼，該新奇選擇權就會生效。如果在比價日時，選擇權的買方選擇執行該選擇權，那麼，客戶就須依照履約價格買進（或賣出）基準貨幣，且賣出（或買進）相對貨幣。如果依照比價匯率與履約價格計算該產品之市價損益，客戶可能有「無限下檔」損失風險。

觀念篇

交易篇

實戰運用篇

3

第3天

選擇權交易的
實務經驗與策略架構

胸有成竹之後的見機行事方針

講究短期效率的選擇權商品，透過技術分析，將有助於訂定進出場的交易決策

相較於基本分析，技術分析具有相對易學、更為廣泛適用於各項商品的特性。學會幾項技術分析指標，將有助於我們找出進出場訊號。

單元重點

- ·善用技術分析，解讀指標與訊號，進出有據
- ·是「技術」，還是「藝術」？技術分析需要經過辯證，還有經驗的累積才能有高勝率的決策
- ·MA 移動平均線：解析投資人的平均持有成本
- ·K 線的觀察重點：四個價位之間的關係
- ·KD 指標－解構高低價位與收盤價間的關係

善用技術分析，解讀指標與訊號，進出有據

Q 臺指選擇權的成交口數有逐漸放大的趨勢，如果想開始交易臺指選擇權的話，是不是就要開始關注大盤的走勢？有人以「技術分析」的角度，來預測大盤的漲跌，這是不是可行的方法呢？

A 如果想要投資指數選擇權的話，那麼目前指數所在的位置高低、以及未來大盤的趨勢變化，進而選擇合適的履約價，就成為下單前最重要的功課。一般想要預測趨勢，都會想到「基本分析」與「技術分析」這兩種分析工具；其中，「基本分析」需要長期關注並解析總體經濟指標的變化，才能夠預測大盤未來的走勢，並據以成為下單的理由；如果想要採用這種方式，是需要一段相當長期的準備工作，才能竟其功。然而，相較於臺指選擇權是一種在相對短天期（例如週選擇權）就要攤牌輸贏的金融商品，卻要等候一個定期（有可能是每月、甚或每季）才會公布的總體經濟指標以決定多、空

方向，似乎會讓人覺得「緩不濟急」。因此，透過線圖、技術指標或價量關係，可很快憑以辨別行情強弱關係的「技術分析」，就成為操作臺指選擇權的投資人，想要儘快找到是多還是空的趨勢，必學的一項「技術」了。

而「技術分析」的基礎架構是，所有個股或大盤的資訊，都會反映在價格跟成交量的變化；也就是，「技術分析」最為關鍵的兩個參數是「價」跟「量」，不論要研究的標的是股票、指數、農產品還是黃金、原油，原則上，邏輯都是一體適用；所以，在投資領域裡會有多數的人認為，「技術分析」是金融世界的共通語言。

然而「技術分析」中的「技術指標」又是如何形成的？常見的作法是，運用某些數理統計原理運算，找出某些數值，分別在價格（縱軸）、成交量（橫軸）圖表上以線條／長條圖的形式呈現，以解讀出趨勢；又或者只是純粹比較出大小，以歸納出應該加／減碼的訊號或策略。

會使用「技術分析」來預測大盤或者個股走勢的投資人，是基於相信：歷史總是會重演、過去總是會被複製到未來；即便過去的走勢與未來的走勢並不會完全相同，但是，在某些環節總是可以找到相似的地方，例如：市場趨勢、投資人心理（貪婪、恐懼）等，讓使用者可以推論並預測未來可能的變化。而要找到相似的地方，就要藉助統計學原理；因此，技術分析之所以能夠「有效」，其實是一種「統計結果」的判讀；既然是判讀，其精確程度，就跟使用者本身的經驗值有關。於是，就不能夠說，這些指標／線圖的複製，將會讓每次的預測神準／有效；僅能夠說，是基於機率與期望值的概念，對於個股／市場可能的未來走勢，提出解釋而已。但畢竟某些技術指標，是透過數理統計原理分析過往的價格跟成交量，以歸納出訊號和趨勢，是有其根據，而不是生安白造；因此，善用辯證過的技術指標，加上經驗的累積，用來預測未來走勢，還是有其效果的。

是「技術」，還是「藝術」？

技術分析需要經過辯證，還有經驗的累積才能有高勝率的決策

Ｑ 運用技術指標作為下單的準據之前，有沒有什麼需要注意的事項呢？

Ａ 如同前面提到的，技術分析指標的形成，主要是著重於某一「商品」的歷史交易數據（如價格、成交量），而非公司業務基本面的數字（如營收、毛利率、EPS 等）。既然只是將「商品」的歷史資料如成交價、量、時間等資料以統計分析方式推演，藉以推論出「商品」價格變動的方向、趨勢來做交易，並不涉及探討其變動的理由；因此，基於利用以往資料做為未來操作之參考的原則，就衍生出很多技術分析的指標或線圖。較常用、而且較容易理解的技術指標，包括移動平均線（MA）、K 線（蠟燭線）、KD 指標等；其中移動平均線意謂著在過往一段時間內，所有投資人的平均成本，是最被廣泛使用的技術分析工具。雖然技術分析指標有數種，要提醒讀者們的是，在運用這些技術指標作為下單的根據之前，請先理解這些技術分析指標的由來及運用時機；如果對於這些技術分析指標的由來及運用時機有所疑慮的話，那麼，這些指標對你而言，並不是「技術」，而是「藝術」，請不要勉強使用它們作為下單的依據，以免拿自己的真金白銀去測試效果，是得不償失的一種實驗。一般認為，使用經過驗證的技術指標的優點是：可作為短期內交易的參考資訊、只要有價格與成交量的商品，多半都適用。然而，技術指標也有其缺點：基於技術指標的推演方法，過去曾經重複的模式（價格跟成交量的變化），並不代表未來的交易，也都會循同樣的模式變動，因此，通常需要搭配其他的證據或資訊一起判斷，以免有偏頗之憾。

瞭解技術分析的基本限制條件之後，我們來介紹幾種市場接受度較高的技術分析指標，其基本原理，以及適用時機。

MA 移動平均線：解析投資人的平均持有成本

Q 什麼是「移動平均線」？

A 如果我們將過去某一段時間內，取各個設定的區間（有可能是五日、廿日等）的收盤價（或是各個區間的平均值）所連成的線，就是「移動平均線」（Moving Average MA）；而按照其所選取的區間範圍，又可以分成年線（二百四十日）、半年線（一百二十日）、季線（六十日）、月線（廿日）或是週線（五日）等。「移動平均線」既然是表彰某個標的物在某一定期間內，投資人持有的平均成本，因此，該數值就會隨著每個交易日該標的收盤價的漲跌，而有不一樣的數值；這代表著投資人持有的平均價格成本的變化及趨勢。於是，透過這條平均線的起伏態勢，可以用來研判、預測該商品未來價格走勢的方向。我們以 5 日平均線（以 MA5 表示）為例，它就是計算每五個交易日收盤的平均價格，例如：第一天到第五天的收盤價的平均價格；第二天到第六天這五日收盤價的平均價格，以此類推。每次計算，都是取連續的五個交易日收盤價位的平均值。然後，把這些計算出來的平均值連成一線，就是移動平均線了。也就是說，同樣是計算五個交易日收盤價的平均價位，但是因為每天收盤的價格有漲有跌，因此，平均數值就不會都一樣，而形成有高有低的起伏。

也因為移動平均線顯示出某一段期間之內，投資人取得該標的商品的成本變化，讓投資人可以據此判斷未來該標的商品的價格走勢。從實用性觀點而言，移動平均線可以分為短期、中期、長期。短期移動平均線，大多取 5 或 10 日平

均線，稱為「週（雙週）平均線」或「週（雙週）線」；中期移動平均線大多以 20 日移動平均線，又稱為「月平均線」或「月線」；另外還有 60 日移動平均線，稱為「季線」。長期移動平均線大多取 240 天之平均線，稱為「年平均線」或「年線」。

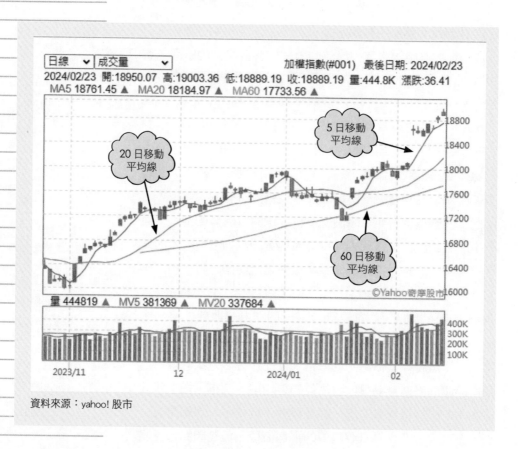

資料來源：yahoo! 股市

Ⓠ 如何透過移動平均線判斷多空走勢呢？

Ⓐ MA 移動平均線，主要用在識別趨勢，以及確認阻、壓力價位和支撐價位。透過短期線和長期線的消長、上下排列方式，我們可以推估進出場訊號。

☆ 訊號❶ 多頭排列

如果今日收盤價或短期 MA 同時滿足大於 MA20、MA60、MA120 時，代表此時為多頭走勢；如果今日收盤價或短期 MA 同時小於 MA20、MA60、MA120 時，代表此時為空頭走勢。

☆ 訊號❷ 黃金交叉與死亡交叉

當短天期均線由下向上穿過長天期均線，稱為「黃金交叉」。
當短天期均線由上向下穿過長天期均線，稱為「死亡交叉」。

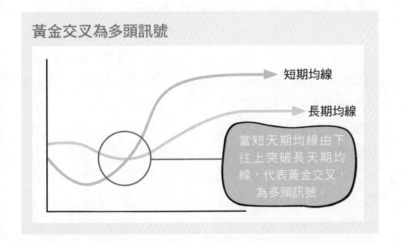

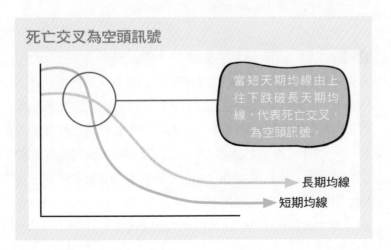

如何從 **MA** 指標判斷進出場訊號？

多頭訊號	觀察日指數收盤價或短期 MA > MA20、MA60、MA120
空頭訊號	觀察日指數收盤價或短期 MA < MA20、MA60、MA120

K 線的觀察重點：四個價位之間的關係

Q 什麼是「K 線」？

A K 線圖的呈現，多半會用紅、黑兩色，有些看盤軟體，則是採用紅、綠兩色來表示行情的變化；但不管是用什麼顏色呈現，我們只有「紅 K」跟「黑 K」的說法。K 線是由四個價格所組成：最高價、最低價、開盤價、收盤價。投資朋友學會畫 K 線之後，對於該金融商品價格的變化，將會更為敏感；這是由於該金融商品在經過一天的交易之後，透過記錄當天的開盤價、收盤價，以及在盤中交易時，曾經出現的最高價和最低價，就可以解讀該日的價格行情走勢。因此，透過解讀各式各樣的 K 線變化，將可以讓你對該金融商品價格的漲跌和行情的走向有一定的掌握。而要如何學會畫 K 線？可以按照以下三個步驟炮製而成。

☆ Step ❶ 標示當天的開盤價和收盤價

首先，將當天標的個股的開盤價跟收盤價格，分別標示在方格紙上，之後，再將之連結成長方形，就可以畫出 K 線的本體。如果收盤價高於開盤價，我們可以將 K 線塗成紅色的，稱為紅 K 線（棒）；如果收盤價低於開盤價，我們就將 K 線塗成黑色的，稱為黑 K 線（棒）。再從 K 線本體的長短，可以看出開盤價和收盤價的高低差距，在實際交易時，可以從此 K 線本體的長短看出該商品的強弱走勢。

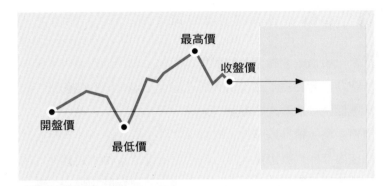

Tips 紅 K、黑 K 之判斷法則

● 1. 以今天的開盤價與收盤價之高低為比較準則
(a) 收盤價 >開盤價：紅 K 線（收紅 K、收陽線）
(b) 開盤價 >收盤價：黑 K 線（收黑 K、收陰線）

● 2. 漲或跌，是以今天的「收盤價」跟昨天的「收盤價」比較
(a) 今天之收盤價 > 昨天之收盤價，即▲（漲）：紅線（表示）
(b) 今天之收盤價 < 昨天之收盤價，即╳（跌）：黑線（表示）

☆ Step ❷ 標示出當天的最高價及最低價

接著，標示出標的商品當天的最高價及最低價，並用直線連接 K 線本體。從 K 線本體上下延伸而出的直線稱為「影線」；如果影線在上方，稱為「上影線」；如果影線位於下方，則稱為「下影線」。

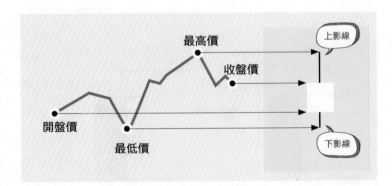

⭐ Step ❸ 從當天收盤價與開盤價的關係,解析當天的多空力道

從當天股價的開盤價和收盤價的相對位置,可以看出當天的多空力道的強弱;如果當天的收盤價高過今天的開盤價,表示尾盤時,投資人樂觀看待未來,追漲之下,最後該商品的價格上漲,稱為收陽線、收紅K(除了紅色之外,有時候某些技術分析軟體也會用白色表示),也稱為收紅K棒。如果當天的收盤價低於今天的開盤價,表示尾盤時,投資人看淡未來,紛紛拋售該商品,造成賣方力道大過買方,最後該商品的價格以低於開盤價的價格收盤,稱為收陰線、收黑K(除了黑色之外,有時候某些技術分析軟體也會用綠色表示),也稱為收黑K棒。

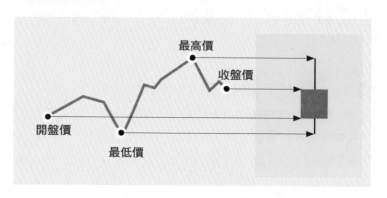

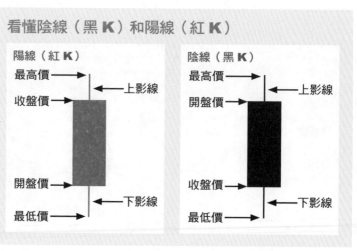

Q **畫出 K 線之後，該如何解讀 K 線代表的意義呢？**

A 從當天 K 線的「長相」可以看出，當天投資人對於該商品的後勢看法—是認為後勢看好，所以想買進的人多？（以紅 K 線系列為主）還是對於後勢看法悲觀，因此，想賣出的人較多？（以黑 K 線系列為主）這些，都能夠從 K 線的顏色、K 線本體的長短以及上下影線的長短看出，進一步解構出該標的商品未來上漲或下跌的走勢強弱。

　　觀察 K 線圖，還須要注意兩個變數（參看下圖）：上方是由許多單獨 K 棒（有可能是日 K、周 K 等）組合而成，表示價格的變化；下方高高低低的柱狀圖則代表成交量。提醒讀者朋友們，技術分析最主要的就是要觀察量和價的關係；所以，觀察 K 線圖，不只要看價格，還要留意成交量的變化。投資朋友在解讀 K 線圖時，所選擇觀察的「時間」

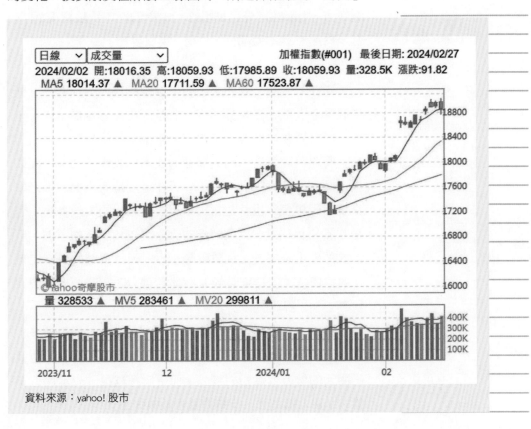

資料來源：yahoo! 股市

區間不一樣，例如：日線、月線、季線、半年線、年線，整個 K 線圖的走勢也會跟著不一樣；而價格轉折點，及所面臨的「支撐線」（下影線）和「壓力線」（上影線）長短（表示力道大小）也就會跟著不同了。

這是因為，不管今天最後是收紅 K 棒還是黑 K 棒，在上影線買進者代表的都是當天「現買現虧」；在下影線買進者代表的都是當天「現買現賺」。怎麼說呢？讀者可以試想，如果今天是收紅 K 棒（表示收盤價在上方），那麼所有買在收盤價之上的上影線部分的價位區，通通都是「現買現套」、「現買現虧」了（因為買進的成本比收盤價高）；而如果這條上影線又很長，表示今天在這段區間買進的人／成交量相對較多，也就是當天「現買現套」、「現買現虧」的人較多了。若是收黑 K 棒的話，則這時候的收盤價在下方，上影線部分也是屬於「現買現套」、「現買現虧」；甚至於連 K 線本體部分，也是「現買現套」、「現買現虧」者。

同樣的道理，我們來說明下影線所代表的涵義。一樣先假設今天是收紅 K 棒（表示收盤價在 K 線本體上方），那麼所有買在收盤價之下的下影線部分的價位區，通通都是「現買現賺」者（因為買進的成本比收盤價低）；而如果這條下影線又很長，表示今天在這段區間買進的人／成交量相對較多，也就是當天「現買現賺」的人較多了。若是收黑 K 棒的話，則這時候的收盤價在 K 線本體下方，下影線部分也是屬於「現買現賺」者，因為買進的成本還是比收盤價低；但是這時候 K 線本體部分，還是屬於「現買現套」、「現買現虧」者。

因此，當上影線越長時，表示今天套牢者相對較多；這些人因為套牢了，可能就會成為明天潛在的賣壓，也就是明天的賣方力量相對較強。而下影線越長，表示逢低買盤的承接力道越強、支撐力量也就較強。

KD 指標——解構高低價位與收盤價間的關係

Ｑ 市場上也看到很多用 KD 來解盤的，這個指標的觀念是什麼？應該要怎麼用呢？

Ａ 在技術分析中，很多投資人除了會使用 K 線圖，來預測金融商品的走勢之外，也常常會搭配使用 KD 指標來觀察目前市場上買賣雙方交易的熱絡程度、以及該金融商品當天高、低價位與收盤價間的關係。KD 指標中的 K 和 D 其實是兩條線，藉由觀察這兩條線的走勢變化，來預測盤勢。至於這兩條線是如何產出的？基於過去的經驗值，一般技術分析的軟體，通常會將 K、D 指標的參數設定為 9 日；而在計算 K 和 D 時，選取的平滑值會用 3，因此，在技術指標關於 K、D 的參數選擇，會看到（9,3,3）這樣的一組數字。

要提醒讀者的是，因為技術分析軟體的數值／參數可以讓我們自由選取；因此，如果我們不想選取 9 天來計算數值的話，可以改為任一數字（例如 10），繼之讓軟體描點成線。但不管這數值的選擇為何，K 值與 D 值永遠會介於 0 與 100 之間。

K、D 線其實可以視作移動平均線的延伸。但是因為移動平均線只是以收盤價來計算，而 K、D 線數值的產生，除了利用到收盤價之外，還有使用到最高價與最低價；因此，對於預測市場的短期趨勢，KD 線就會更為靈敏。我們把解讀 KD 的重點摘要整理如下：

❶ 當行情有一個明顯的漲／跌勢時，會帶動 K 線與 D 線向上走升／向下走跌。

❷ 當 KD 兩線在 80 以上交叉時，會被視為是進入超買區，表示短線投資人太過樂觀，可能會有漲多回檔的情況，這時候投資朋友就要注意找賣點。

❸ 當 KD 兩線在 20 以下交叉時，會被視為是進入超賣區，表示短線投資人太過悲觀，可能會有跌深反彈的情況，這時候投資朋友就要注意找買點。

❹ 當 KD 兩線在 50 附近交叉，但標的商品走勢又陷入盤整時，這樣的買賣訊號應視為無效。

❺ 當 K 值大於 80，D 值大於 70 時，表示當日收盤價是在偏高的價格帶，因此，也可以視為是超買的狀態；而當 K 值小於 20，D 值小於 30 時，表示當日收盤價是偏低的，也可以視為是超賣的狀態。

❻ 當 D 值跌到 15 以下，意味著市場投資人可能太過悲觀，標的商品處於嚴重的超賣狀況，通常這是買入訊號；而當 D 值超過 85 以上，意味市場投資人

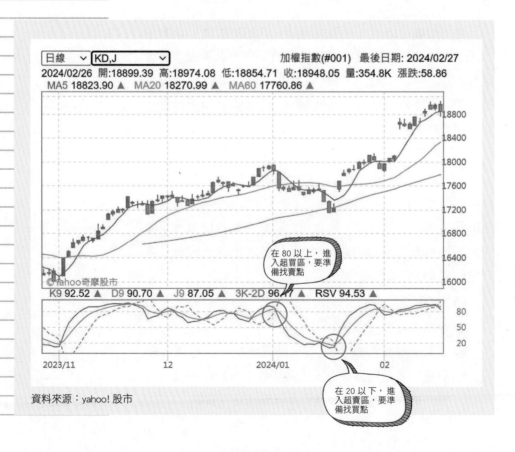

資料來源：yahoo! 股市

是處於瘋狂追價之中，標的商品處於嚴重的超買狀況，通常這是賣出訊號。

❼ KD 指標不適用交投清淡的標的物。

　　最後，還想要提醒投資朋友的是，仍然不適合只是使用技術分析，作為進出的唯一依據。這是因為技術分析的一個基本假設，在於該商品的價格走勢會有重複性；也就是過去的趨勢將會被複製到未來。但是，在現實的交易環境下，該商品（例如加權股價指數）過去走勢的重複性，很可能因為科技進步，主流類股的易主（例如新冠肺炎疫情時，生醫製藥類股曾經蔚為主流）、交易制度的改變（例如漲跌幅限制從 7% 擴大到 10%）、新商品上市（例如 AI 晶片的上市，刷新了三觀）、交易參與者的不同（從散戶結構變更成外資法人主導的局面）等等各種因素，會導致該商品結構性的轉變，因此，所謂「歷史會重演」的假設、價格會重複發生的因果關係，將會受到挑戰；當然，某些技術分析的指標，就必須要再加以調整，貿然沿用來預測行情走勢，解讀市場的心態，肯定會失真。因此，在使用前述提及的各項技術分析指標時，仍應隨時注意當前的交易制度與因應法規的改變等而調整部分參數；最重要的是，仍然需要經驗的累積與觀察、實事求是，才能夠提出高勝率的決策。

　　有關更多技術分析的解析與應用，可以參考另外一本專書《3 天搞懂技術分析》將會有進一步的說明。

預期向兩端噴出、大漲跟大跌的選擇權組合策略

地緣戰爭、大國之間更為激進的貿易戰、升息或降息,這些會讓行情大漲或大跌的因素,總是猜不準,讓人好緊張!

單元重點

- · 預期標的物可能大漲或大跌時——相同履約價的選擇權組合——買進跨式交易策略
- · 預期標的物可能大漲或大跌時——不同履約價的選擇權組合——買進勒式交易策略

行情詭譎多變,答案即將揭曉——不是大漲就是大跌的交易策略

Q 過去幾年,臺北股市常常會受到某些重大的國內外政經因素,而導致股市鉅幅的震盪。除了基本的四項選擇權交易策略之外,如果遇到重大的政經因素,可能導致大盤或個股股價大漲或大跌的情況時,有沒有可以因應的選擇權交易策略呢?

A 不管是投資大盤(指數)或者是個股,投資人時常會遇到,因為某些懸而未決的主、客觀因素,而讓投資人轉為觀望。因為多、空方向不明的觀望,先是導致大盤(指數)或者是個股狹幅波動,等到「答案」揭曉之後,或是因為超乎預期而大漲、或是因為不如預期的失望性賣壓而大跌;因而加大指數或個股股價的波動程度。如果想要因應這種短時間,因為消息面而產生的波動,投資朋友們可以將可能發生的情境(大漲、大跌、小漲或小跌等),預先設定好劇本,再採取兩種(或以上)的選擇權交易,把願意承擔的風險規劃好。等到消息面釐清之後,因為先行布局的選擇權交易策

略，總會有一、兩筆（或以上）進入價內區而獲利。即便行情走勢與想法（交易）相左，若是採取買進選擇權的策略，最大的損失，還可以控制在僅是損失權利金而已。因此，這一類由兩項（或以上）相對複雜的複合式選擇權的投資組合，也是一種進可攻、退可守的交易策略。但是因為這種投資組合，牽涉到兩項以上的選擇權交易，所以，最終的損益數字，必須要加總、結合這組兩項以上的選擇權個別的損益數字，才能夠得知；於是，較高的複雜度，也因而產生。

　　以下，我們將以實例為各位讀者鉅細靡遺地說明，所謂買進「跨式」、買進「勒式」交易策略的適用時機，以及以圖形來分析其可能的損益變化。

預期標的物可能大漲或大跌時──相同履約價的選擇權組合

☆ 一、買進跨式交易策略：

❶ **適用的時機**：預期標的物即將大漲或大跌時。例如：遇到貨幣政策即將改弦易轍（啟動升息或降息循環），或者某些重大併購案、訴訟案已經進行好長一段時間了；而貨幣政策是緊縮或者寬鬆、重大的併購案合約即將簽訂、或者訴訟結果即將揭曉之前，往往會讓大盤或個股，先是因為觀望而窄幅波動；等到「開獎」、結果確定之後，往往會有所謂的「噴出」行情─不是大漲就是大跌。

❷ **操作方法**：買進跨式交易策略的作法，是「買進一口買權」，同時「買進一口相同到期日且相同履約價的賣權」。

❸ **損益情境分析**：張三預期未來的行情，會因為某個事件而大漲（某個法案會通過）或大跌（該法案竟然不通過）。因此，買進了一口 15 天後到期，履約價為 22,500 點的「買權」，支付了 600 點的權利金；同時買進一口相同到期日、

相同履約價為22,500點的「賣權」，支付330點的權利金。

15天後，如果股市果如張三研判的，大漲、且超過23,430點（22,500點＋600點＋330點＝23,430點），或大跌、且低於21,570點（22,500點－600點－330點＝21,570點），張三的選擇權投資組合，將會進入價內區，該投資組合就因而會獲利。相反的，股價指數最終如果收在21,570點～23,430點之間，張三的選擇權投資組合，因為處於價外區，最大的損失，就是一開始所支付的權利金＝50元／點×（600點＋330點）＝46,500元。

損益情況分析表（單位：點數）

指數	21000	21570	22170	22500	23100	23430
買權損益	-600	-600	-600	-600	0	330
賣權損益	1170	600	0	-330	-330	-330
損益合計	570	0	-600	-930	-330	0

損益圖

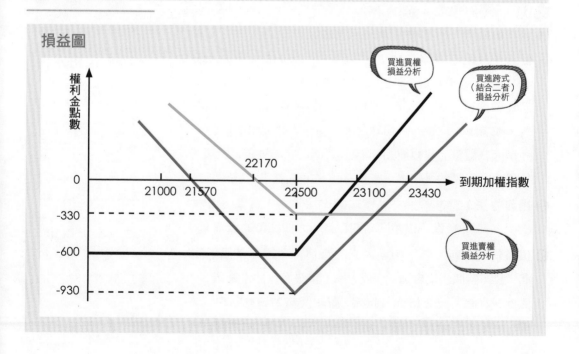

❹ **風險分析**：理論上，該投資組合的獲利沒有上限，但風險有限。即使消息來源有誤（謠傳會通過的法案並沒有通過、併購案最終竟是破局、甚至於根本就是子虛烏有）、或者是判斷失準（貨幣主管機關既沒有升息也沒有降息），操作失敗的損失，最多也只是「買進 call」加上「買進 put」支付的這兩筆權利金而已。

重點彙整表

項目	買進跨式交易策略
使用時機	預期標的物可能大漲或大跌時
最大風險	損失金額為： 買進 call 的權利金＋買進 put 的權利金（本例：600+330 = 930）
最大利潤	無限（理論上）
損益兩平點 （在本例有兩組）	（高）履約價＋（買進 call 權利金點數＋買進 put 權利金點數） 　　　（本例：22500+600+330 = 23430） （低）履約價－（買進 call 權利金點數＋買進 put 權利金點數） 　　　（本例：22500－（600+330 = 21570）
保證金	不需要
合併獲利圖形	 A：最大損失（本例為 930）　　C：較高的損益兩平點（本例為 23430） B：履約價（本例為 22500）　　D：較低的損益兩平點（本例為 21570） 獲利區：指數落在 C 的右邊、或者在 D 的左邊

預期標的物可能大漲或大跌時 ── 不同履約價的選擇權組合

✿ 二、買進勒式交易策略:

❶ 適用的時機: 預期標的物即將大漲或大跌時。這一點,跟「買進跨式交易策略」相像;不同的地方在於:買進勒式交易策略中,買進的買權和買進的賣權的履約價「不同」(通常為價外)。

❷ 操作方法: 買進勒式交易策略的作法,是「買進一口買權」,同時「買進一口相同到期日但履約價不同的賣權」。(通常會選擇「買權」的履約價「大於」現貨價;賣權的履約價「小於」現貨價。因為這兩者都是「價外」,所以,權利金成本較低)。

❸ 損益情境分析: 張三在廣泛地收集並解讀某標的物的資料之後,預期未來該標的物的行情,在履約日到期前應會有重大的變動(可能是大漲、也有可能是大跌),但是,這幾天的消息紛陳,難以確定消息的正確性、及因應的漲跌方向。因此,決定採用低成本、低風險的選擇權策略─買進勒式交易。

於是,張三買進了一口 15 天後到期,履約價為 22,500 點的「買權」,支付了 600 點的權利金;同時買進一口相同到期日,但履約價為 22,300 點的「賣權」,支付了 660 點的權利金。

15 天後,如果股價指數果如張三研判的,大漲、且超過 23,760 點(22,500 點 + 600 點 + 660 點 = 23,760 點),或大跌、且超過 21,040 點(22,300 點 − 600 點 − 660 點 = 21,040 點),張三的選擇權投資組合進入價內區,就因而會獲利。相反的,股價指數如果收在 21,040 點～ 23,760 點之間,張三的選擇權投資組合,因為處於價外區,最大的損失,就是一開始所支付的權利金 = 50 元／點 ×(600 點 + 660 點)= 63,000 元。

損益情況分析表（單位：點數）

指數	21040	21640	22300	22500	23100	23760
買權損益	-600	-600	-600	-600	0	660
賣權損益	600	0	-660	-660	-660	-660
損益合計	0	-600	-1260	-1260	-660	0

損益圖

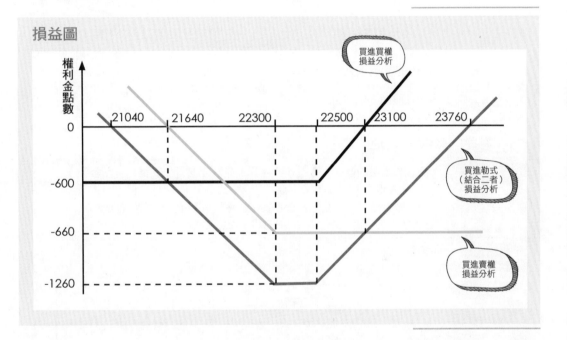

❹ **風險分析：** 理論上，該投資組合的獲利沒有上限，但風險有限。跟買進跨式的交易策略一樣，都是在預期標的物價格在到期日前會有重大的變化，不是大漲，就是大跌時所使用。不同的地方在於，買進勒式交易策略所買進的買權、和買進的賣權，兩者的履約價不同（通常為價外）。因此，採用買進勒式策略的成本，相較於買進跨式策略的交易成本會比較低廉（因此，買進勒式交易風險比買進跨式更低，但兩者的最大利潤卻都是相同，

理論上，都是沒有上限）；但相對的，未來標的的走勢變化，必須要有更大的波動（較高的損益兩平點、較低的損益兩平點），買進勒式策略才會獲利。

至於操作失敗的損失，最多也只是「買進 call」加上「買進 put」支付的這兩筆權利金而已。

重點彙整表

項目	買進勒式交易策略
使用時機	預期標的物可能大漲或大跌時
最大風險	損失金額為： 買進 call 的權利金 + 買進 put 的權利金（本例：600+660 =1260）
最大利潤	無限（理論上）
損益兩平點 （在本例有兩組）	（高）較高履約價 +（買進 call 權利金點數 + 買進 put 權利金點數） （本例：22500+600+660 = 23760） （低）較低履約價 –（買進 call 權利金點數 + 買進 put 權利金點數） （本例：22300 –（600+660）= 21040）
保證金	不需要
合併獲利圖形	 A: 最大損失（本例為 1260）　　B: 較高的履約價（本例為 22500） C: 較低的履約價（本例為 22300）D: 較高的損益兩平點（本例為 23760） E: 較低的損益兩平點（本例為 21040） 獲利區：指數落在 D 的右邊、或者在 E 的左邊

預期即將會有一段時間盤整、小漲跟小跌的選擇權組合策略

市場大多數時間，多半都是盤整、或者是小漲小跌的局面。較積極的投資人，可以賣出跨式（勒式）的交易策略收權利金；但切記要善設停損點。

- 預期標的物可能小漲或小跌時——相同履約價的選擇權組合——賣出跨式交易策略
- 預期標的物可能小漲或小跌時——不同履約價的選擇權組合——賣出勒式交易策略

行情陷入盤整——只是小漲或是小跌的交易策略

Q 股市在消息面釐清之前，常常會有一段時間，是震盪且小幅盤整的。這時候，可以採行什麼型態的選擇權交易策略呢？

A 投資股市，遇到重大的利多、利空消息，而讓大盤或個股大漲、大跌的機會畢竟不多；反倒是市場常常會因為多、空方向不明，而讓投資人觀望、進而裹足不前；這時候，市場呈現的，就是小漲、小跌的局面。如果想要因應這種預期選擇權標的物（指數或個股），在履約日前價格不太可能會有大幅度變動的盤整格局；或者認為，目前該標的面臨上檔有套牢賣壓需要消化、下檔有著逢低買盤支撐力道頗強的情況；或者近期也沒有重大的利多、利空消息，或者不會有重大的財報數字公布而會影響價格走勢時，就可以採用「賣出跨式交易策略」、或者「賣出勒式交易策略」。

　　有別於第三天第二小時的「買進跨式交易策略」，本單元第一部分中的「賣出跨式交易策略」、（第二部分，將會討論「賣出勒式交易策略」）的投資組合，是「賣出一口買權」，同時「賣出一口相同到期日、相同履約價的賣權」。由於「賣出跨式交易策略」，是投資人擔任選擇權的「賣方」，所以，投資人可以收取權利金、提高收益；但如此一來，要提醒投資朋友注意的是，既是擔任選擇權的「賣方」，最大獲利將會是有限的，最多就是賣出買權及賣出賣權所收取的權利金。相對的，這個投資組合的風險，理論上卻是無限大的。採取這種策略時，必須特別地小心謹慎，並得善設停損點（運用該策略時，應設好兩個不同價位停損點為宜）。

　　以下，我們將以實例為各位讀者鉅細靡遺地說明，所謂賣出「跨式」、「勒式」交易策略的適用時機，以及以圖形來分析其可能的損益變化。

預期標的物可能小漲或小跌時 —— 相同履約價的選擇權組合 —— 賣出跨式交易策略

☆ **一、賣出跨式交易策略：**

❶ **適用的時機：**預期標的物處於盤整期，也就是行情不是小漲就是小跌時。例如：大多數時候，經濟指標的波動不大，因此，財政政策及貨幣政策，不會有很明顯的改弦易轍。此外，個股的財報數據，只會行禮如儀地公布，不至於會有像是接獲大的訂單、技術有重大的突破等提高 EPS 的利多消息；或者諸如廠房失火、被告侵權等導致獲利萎縮的重大利空消息（關於如何解讀財經資訊，可以參考系列專書《三天搞懂財經資訊》）。既然所關注的標的（不論是大盤還是個股）在大多數時候，都是狹幅震盪，較積極的投資人，就可以擔任選擇權的賣方，

趁機賺取權利金。

❷ **操作方法**：賣出跨式交易策略的作法，是「賣出一口買權」，同時「賣出一口相同到期日、相同履約價的賣權」。

❸ **損益情境分析**：張三預期未來的行情，會因為政府沒有頒行重大的政策（所謂大盤走勢溫吞），或者產業陸續進入淡季（例如部分電子業的業績，有所謂「五窮六絕」之說，表示在每年的五、六月份，業績乏善可陳），導致個股可能因為交投清淡、成交量萎縮的情況之下，呈現狹幅震盪的走勢。於是，藝高人膽大的張三，打算擔任選擇權的賣方，賺取權利金。因此，賣出了一口 15 天後到期，履約價為 23,000 點的「買權」，收取了 300 點的權利金；同時賣出一口相同到期日，相同履約價為 23,000 點的「賣權」，收取了 500 點的權利金。

15 天後，果如張三研判的，股市盤整收在 22,200 點（23,000 點 – 300 點 – 500 點 = 22,200 點）點到 23,800 點（23,000 點 + 300 點 + 500 點 = 23,800 點）點之間，這時，張三所賣出的買權和賣權因為都沒有履約價值，就因而會獲利（獲利數字會隨著指數變動而變動，請參考損益分析圖）。張三的選擇權投資組合，最大的獲利，就是一開始收取的權利金 50 元／點 ×（300 點 + 500 點）= 40,000 元。

但是，如果指數上漲超過 23,800 點或跌破 22,200 點，每漲／跌超過一點，張三就會多賠 50 元，超過多少，張三就會賠多少，並沒有「底線」，因此，張三必須要非常小心，在到期日之前，都要盯緊指數的變化，並妥善設立停損點（注意！有兩個停損點）。

損益情況分析表（單位：點數）

指數	22200	22500	22700	23000	23300	23500	23800
買權損益	300	300	300	300	0	-200	-500
賣權損益	-300	0	200	500	500	500	500
損益合計	0	300	500	800	500	300	0

損益圖

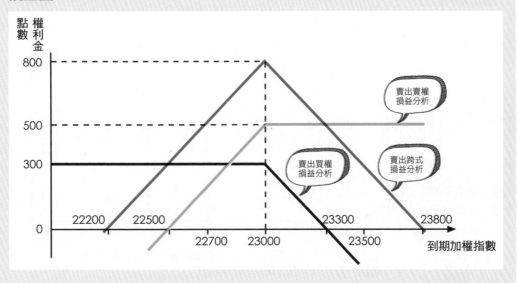

❹ **風險分析**：本投資組合的獲利有其上限，但風險卻是沒有底線。最多的獲利，也只是「賣出 call」加上「賣出 put」所收取的這兩筆權利金。萬一操作失利，當指數上漲超過 23,800 點或跌破 22,200 點時，每漲／跌超過一點，張三就會多賠 50 元，超過多少，張三就會賠多少，並沒有「底線」。因此，採取這種投資組合的張三，必須要緊盯行情的變化，萬一行情走勢跟原先預測的（小漲小跌的局面）不一樣的話，得要及時的反向平倉，善設停損點，避免損失擴大。

重點彙整表

項目	賣出跨式交易策略
使用時機	預期市場處於盤整時
最大風險	無限
最大利潤	賣出 call 權利金 + 賣出 put 權利金 （本例：300 + 500 = 800）
損益兩平點	（高）履約價 +（賣出 call 權利金點數 + 賣出 put 權利金點數） （本例：23000 +（300 + 500）= 23800） （低）履約價 –（賣出 call 權利金點數 + 賣出 put 權利金點數） （本例：23000 –（300 + 500）= 22200）
合併獲利圖形	 A：最大獲利（本例為 800 點）　　B：履約價（本例為 23000） C：較高的損益兩平點（本例為 23800） D：較低的損益兩平點（本例為 22200） 獲利區：指數落在 C 與 D 的中間 最大損失：理論上為無限

預期標的物可能小漲或小跌時——不同履約價的選擇權組合——賣出勒式交易策略

☆ 二、賣出勒式交易策略：

❶ **適用的時機**：預期標的物價格在到期日前可能小漲或小跌、屬於盤整格局時所採用。這一點，跟「賣出跨式交易策略」相像；不同的地方在於：賣出勒式交易策略中，賣出的買權和賣出的賣權的履約價「不同」（通常為價外）。

❷ **操作方法**：賣出勒式交易策略的作法，是「賣出一口買權」，同時「賣出一口相同到期日、履約價較低的賣權」。

❸ **損益情境分析**：跟「賣出跨式交易策略」一樣，這也是一項賺中間（盤整期）、賠兩邊（大漲和大跌）的交易策略。

　　張三預期未來的行情，是狹幅震盪的走勢。於是，張三，打算擔任選擇權的賣方，賺取權利金。因此，賣出了一口15 天後到期，履約價為 23,000 點的「買權」，收取了 300點的權利金；同時賣出一口相同到期日，但履約價為 22,600點的「賣權」，收取了 450 點的權利金。

　　15 天後，果如張三研判的，股市盤整收在 21,850 點（22,600 點 – 300 點 – 450 點 = 21,850 點）點到 23,750 點（23,000 點 + 300 點 + 450 點 = 23,750 點）點之間，這時，張三所賣出的買權和賣權因為都沒有履約價值，就因而會獲利（獲利數字會隨著指數變動而變動，請參考損益分析圖）。張三的選擇權投資組合，最大的獲利，就是一開始收取的權利金 50 元／點 ×（300 點 + 450 點）= 37,500 元。

　　但是，如果指數上漲超過 23,750 點或跌破 21,850 點，每漲／跌超過一點，張三就會多賠 50 元，超過多少，張三就會賠多少，並沒有「底線」；因此，張三必須要非常小心，在到期日之前，都要盯緊指數的變化，並妥善設立停損點（注意！有兩個停損點）。

損益情況分析表（單位：點數）

指數	21850	22150	22600	23000	23300	23750
買權損益	300	300	300	300	0	-450
賣權損益	-300	0	450	450	450	450
損益合計	0	300	750	750	450	0

損益圖

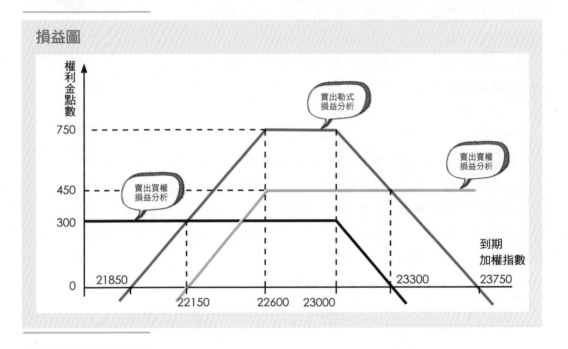

❹ **風險分析**：本投資組合的獲利有其上限，但風險卻是沒有底線。最多的獲利，也只是「賣出 call」加上「賣出 put」所收取的這兩筆權利金。萬一操作失利，當指數上漲超過 23,750 點或跌破 21,850 點時，每漲／跌超過一點，張三就會多賠 50 元，超過多少，張三就會賠多少，並沒有「底線」。因此，採取這種投資組合的張三，必須要緊盯行情的變化，萬一行情走勢跟原先預測的（小漲小

跌的局面）不一樣的話，得要及時的反向平倉，善設停

損點，避免損失擴大。

重點彙整表

項目	賣出勒式交易策略
使用時機	預期市場處於盤整時
最大風險	無限
最大利潤	賣出 call 權利金 + 賣出 put 權利金 （本例：300+450 = 750）
損益兩平點	（高）較高履約價 +（賣出 call 權利金點數 + 賣出 put 權利金點數） （本例：23000 +（300+450）= 23750） （低）較低履約價 –（賣出 call 權利金點數 + 賣出 put 權利金點數） （本例：22600 –（300+450）= 21850）
合併獲利圖形	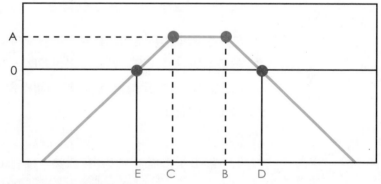 A：最大獲利（本例為 750） B：較高履約價（本例為 23000） C：較低履約價（本例為 22600） D：較高的損益兩平點（本例為 23750） E：較低的損益兩平點（本例為 21850） 獲利區：指數落在 D 與 E 的中間 最大損失：理論上為無限

低成本、高槓桿的「權證」，讓你可以小資搏大利

低成本、高槓桿，最適合小資族投資的衍生性金融商品，莫過於「權證」。高價股買不起沒關係，只要了解選擇權的近親－權證的特性跟交易規則，就能用更少的資金，同步參與熱門股高低起伏的行情，獲得比股海更大的利潤。

> ・小資搏大利 —— 認識選擇權的近親 —— 權證
> ・股票可長抱，權證只適合短打
> ・四大優勢受小資族青睞，以小搏大翻倍賺
> ・影響權證價值的內外在因素
> ・四大眉角，幫你挑出會賺錢的權證

小資搏大利 —— 認識選擇權的近親 —— 權證

Q 選擇權的衍生商品種類、還有交易策略繁多，的確可以讓嫺熟的投資人進可獲利、退可避險。但是，有沒有選擇權的「親戚」，是比較親民，一般小額投資人也可以很快上手、很快參與的呢？

A 有，就是「權證」。為什麼說它是選擇權的親戚呢？因為，擁有了「權證」（可以視為「權利證書」），就是擁有可以某一「約定股價」「買進」或「賣出」股票的權利。從這樣的定義，就可以明白，為什麼說「權證」就是選擇權的親戚了。

　　我們來完整的定義「權證」：就是投資人以支付「權利金」的方式，在「到期日」或是「特定時間」內，以「履約價格」向發行人要求「買進」或「賣出」若干單位股票的權利。再進一步看，如果對於某一檔股票的未來看好，可以買進該標的個股的「買權」叫做「認購權證」（Call Warrant）；若看

壞某一檔股票的前景，可以買進該標的個股的「賣權」就是「認售權證」（Put Warrant）。所以，交易權證的第一個眉角就是要知道：

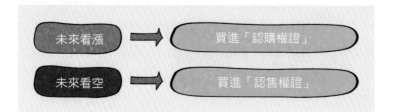

我們來舉例子說明，什麼時候可以買進認購權證？什麼時候又應該買進認售權證？

假設小福看中某檔千元級的股票，目前股價是 1100 元，那麼買進一張該股票，需要準備新臺幣 110 萬元。如果買進之後，沒多久就漲停，那麼小福就可以賺到 11 萬元，但如果是跌停，小福也得賠 11 萬元，輸贏頗大。這是因為股價很高，漲跌的「衝擊」（高價差風險）也很高；因此，會讓多數人買不下手。可是，這些高價股之所以股價能夠漲到這麼高，還繼續受到投資人的追捧（所謂「高貴不貴」，更多關鍵點的說明，可以參考另一本專書《3 天搞懂財經資訊（最新增訂版）》，就是因為這些公司的前景持續被看好，才會有更多的人受到激勵，蜂擁進場，讓股價持續地創新高。如果礙於可動用資金不足，或者是無法承受每天動輒數萬元價差的波動時，就可以選擇以支付少部分權利金的方式，買進認購權證，這種操作模式，等同於在相對低價位的時候買進、去參與高價股未來可觀漲幅的效益。

相反的，如果你不認同某一個股的超高身價，你想放空，可又沒有信用交易資格，可以放空；又或者，你擔心一放空之後，短時間被軋空，甚至被迫回補、損失慘重的話，那麼，可以選擇以支付少部分權利金的方式，買進認售權證，達到逢高出脫、逢低回補，賺取價差的效果。

☆ **案例說明：**

假設小福做過相關研究之後，認為台積電的股價，雖然已經逼近歷史高點，但是，在 AI 題材的加持之下，仍然前景看好，有望再創新猷。但是礙於資金調度，沒有辦法一次投入約 65 萬元買進台積電。這時候，他想到可以台積電的權證，參與台積電未來的榮景。搜尋的結果發現，大多數以台積電為標的個股的權證，在一千多元上下（但要注意「行使比例」，也就是一張權證可以換購幾股的台積電），除了價格親民之外，就算未來因為條件不好，沒有機會履約，頂多，也就損失這一千多元的權利金而已，不僅不用擔心住進高檔套房的問題，萬一有帳面虧損，也不至於心痛很久！

以下例而言，當天台積電的收盤價是 646 元（圖一），買進現股一張，需要準備 646,000（不含手續費）元，但是，若買進股票代號 033275（台積電統一 37 購 02）（圖二）的認購權證，只需要 1410 元即可（不含手續費）。

圖一：台積電收盤價

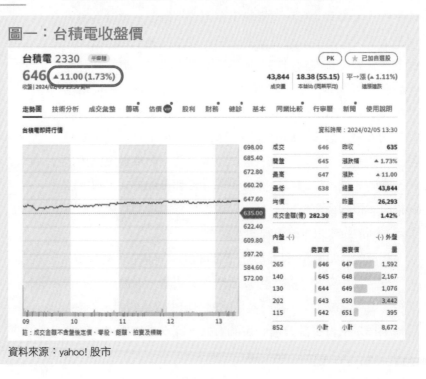

資料來源：yahoo! 股市

圖二：台積電統一 37 購 02 收盤價

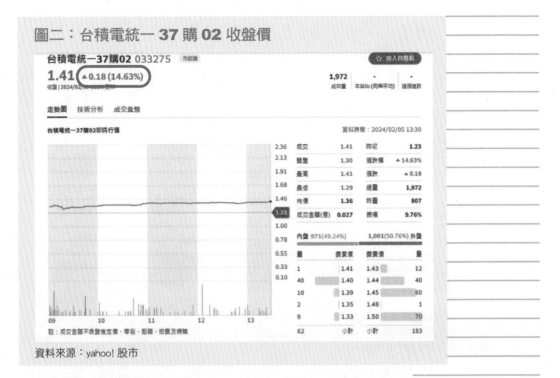

資料來源：yahoo! 股市

圖三：台積電統一 37 購 02 基本資料

台積電統一37購02(033275)基本資料

日期:02/05

●行情資訊

商品	名稱	執行比例	收盤價	漲跌	成交量(張)	最高價	最低價
權證	033275 台積電統一37購02	--	1.41	+0.18	1,972	1.41	1.29
標的	2330 台積電	0.0180	646.00	11.00	43,844	647.00	638.00

●發行資料

最後交易日	113/07/02	目前履約價	587.63
到期日期	113/07/04	原始履約價	600.00
權證類型	美式，一般，認購	牛/熊證	N/A
發行量(張)	35,000	目前限制價(幣別)	N/A
履約開始日	112/01/05	發行價格	0.86
履約截止日	113/07/04	發行金額	30,300.00
履約方式	現金或股票	發行日期	112/01/03
上市日期	112/01/05	存續期間(年)	1.5
財務費用率(%)	0.00	發行財務費用	0.00

資料來源：元富證券

● 基本條件

認購/認售	認購	上市日期	2023/01/05
權證型態	一般型	最後交易日	2024/07/02
發行張數	17500	到期日	2024/07/04
一般投資人持有張數	8290	最新上限價格	--
最新履約價	587.63	履約方式	美式
最新行使比例	0.0180	下載公開說明書	
參考匯率	1		

註：一般投資人持有張數：未包含它家自營商買入張數，並非實際該檔權證最終售出情形。

● 最新數據

Delta	0.0135	一個月歷史波動率	26.45%
價內外程度	9.93%價內	三個月歷史波動率	18.82%
溢價比	3.09%	六個月歷史波動率	20.03%
名目槓桿	8.25	成交價波動率	26.00%
實質槓桿	6.19	買價波動率	26.00%
剩餘交易天數	96	賣價波動率	26.84%
剩餘日曆天數	150	時間價值損失	-3.26元
		($/本日單張)	

本網頁設算無風險利率值為1.01%，亦有可能發生與流動量提供者實際報價狀況不盡相符，請留意。

033275 台積電統一37購02 價量走勢

02/05 09:55

033275　　　　　　　權證價格 1.34
台積電統一37購02　　權證張數 20

資料來源：國泰綜合證券

股票可長抱，權證只適合短打

Q 需要準備的資金，怎麼會差這麼多？買現股跟買權證兩者的差別在哪裡？

A 簡單來說，「股票」是屬於公司的籌資工具（俗稱印股票換鈔票），而「權證」－既然是選擇權的近親－當然是屬於一種可以「避險」與「套利」的衍生性金融商品，功能自是有所差異。「股票」是股份公司為了籌集資金，發行給股東、用以交換資金、作為持股憑證，因此，股東可據以分紅或配股的一種有價證券；而權證則是由「券商」所發行，讓投資人付出權利金，作為可以換取／賣出有價證券的憑證。

當權證連結的標的是股票時（也可以是 ETF、臺灣存託憑證 TDR），大多時候，股價上漲、權證也會跟著上漲；股價下跌、權證也會跟著跌；只不過，權證的漲幅和跌幅不

會跟股票一樣。也就是說，當你買了現股，現股的漲跌情況，會百分百的反應在你個人的損益表；可是，你若是買了「權證」，漲跌不但不一定跟股票是亦步亦趨，幅度也不會一樣。

我們來看（圖一）的台積電，當天收盤上漲的幅度是 1.73%，可是，（圖二）的權證 033275（台積電統一 37 購 02）當天收盤上漲的幅度，則高達 14.63%！不僅是所連結現股漲幅的 8 倍，甚至於還超過個股每天的漲停幅度 10%！槓桿倍數的差異，也是股票跟權證之間很大的不同點。

權證的漲跌幅不是 10 ％

關於權證每天漲跌幅度的計算，可以參考底下的公式：

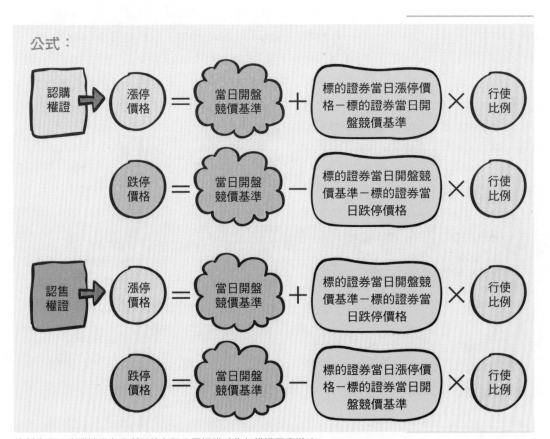

資料來源：臺灣證券交易所股份有限公司認購（售）權證買賣辦法

按照這樣的公式，我們用簡單的數字來說明，會比較清楚。如果標的個股的開盤競價基準為 80 元，當天的漲停價為 88 元（上漲金額 8 元），跌停價為 72 元（下跌金額 8 元）（漲跌停幅度都是 10%）。連結該標的股票的 A 權證，其當天的開盤競價基準為 1.75 元，行使比例為 1：0.1，那麼 A 權證的漲停價為 2.55 元〔1.75 元＋（8 元 ×0.1）〕，跌停價為 0.95 元〔1.75 元－（8 元 × 0.1）〕，其漲、跌停的幅度高達 45.7%。

　　此外，以商品存在的時間長短而言，除非遇到下市，否則股票沒有存續時間的問題；但是，權證的存續期間多數短則三個月、半年，長則在一年半（例如 033275，2023/1/5 上市，到期日是 2024/7/4）。

　　再者，多數股票可以信用交易，權證則不可以融資、融券。而股票的漲跌幅限制為 10%；但是權證依照所連結標的的不同，通常漲跌幅會遠大於 10%。另外，股票的證交稅率為千分之三，權證則是千分之一。我們可以把這些重要的差

表一：股票、期貨、權證之間的主要差異表

項目	現股	信用交易（融資、融券）	期貨	權證
槓桿倍數	1 倍	2.5 倍	10 倍左右	可達 10 倍以上
最大損失	投入成本	投入成本＋追繳保證金	投入成本＋追繳保證金	投入成本（權利金）
有無追繳保證金	無	有	有	無
可投資期間	無限期	一年	每月有新倉	數個月
漲跌幅度	10%	10%	10%	依標的不同，超過 10%
交易稅	千分之三	千分之三	股票期貨：十萬分之二	千分之一

異，整理、列表成（表一）。

現在的發行券商，都會把權證的權利金壓得很低，讓價格變得很親民，吸引投資人進場交易；但相對地，能夠買到或賣出的股數就很少——這稱為「行使比例」。例如：一張權證的權利金雖然只要 1500 元，但只有權利以履約價買進或賣出現股 100 股；這樣的行使比例為 0.1（100 ／ 1000 ＝ 0.1）。因為金額低，讓更多的小資男女可以買得起；券商就是利用化整為零的概念在銷售權證。有的權證甚至便宜到一張只要 100 元，甚至更低，宛如買樂透彩券一樣，銅板價就買得起！至於這樣的銅板價可以買到幾股？那就得要看該權證的公開說明書了（如圖四中的行使比例為 0.0180）。

什麼是「行使比例」？

每持有一單位權證可以購買、出售的股票股數。

假設行使比例為「1」，代表一張認購權證可以用履約價買進／賣出「1」張股票；行使比例為「0.1」，則代表一張認購權證可以用履約價購買／賣出「0.1」張股票。

四大優勢受小資族青睞，以小搏大翻倍賺

Q 投資權證的優點有哪些？

A 以剛剛的例子來說，權證最為吸引人的優點，就是以小搏大。此外，權證還有以下的優點：

❶ 投資門檻低

以臺股來說，想要買進一張現股，多半是萬元起跳（如果低於一萬元，市場戲稱為「雞蛋水餃股」，因為換算一股不到 10 元，跟一顆雞蛋、水餃的價格差不多），甚至於在股市榮景時，還有眾多上百萬元的股票（所謂的「千金股」），對於想要參與股市行情的眾多小資族來說，只能望之卻步。

但是，有不少權證，一張的價格，只要數百、數千元就可以到手了。只不過，太便宜的權證，也不見得好；因為有可能是即將到期，沒有人要交易的權證，所以價格才會便宜到不可思議。很多乏人問津、即將下市的權證，在買進之後，流動性極差，沒有後手，恐怕只能苦吞「歸零糕」了。

❷ 可搭配股票靈活操作

股票可以做多，也可以做空；現在利用股票的分身－權證－也可以參與個股的漲跌行情。看多個股，就買進認購權證；看空個股，就買進認售權證，對於投資人來說，多空之間的操作，既可以獲利、也可以避險，相當具有彈性。

一般來說，權證的價格和標的股票價格走勢，具有某種程度的關連性（漲跌應該是同方向、幅度則是不一定）。假設投資人看好某家公司中長期的走勢而買進股票，但卻又擔心該公司短期會伴隨大盤的弱勢而股價走跌，造成帳面虧損；此時，就可以選擇買進連結這檔股票的認售權證若干張，當作是避險的工具。如果該檔股票短期內股價沒有下跌，那麼投資人只有損失權證的權利金；倘若該股短期內真的下跌，現股在帳面上雖然是虧損，但在認售權證這部分，可望因為股票跌價而上漲、獲利，就可以彌補股票部位的虧損。

❸ 交易成本相對較低

賣出股票時的證券交易稅為千分之三，但是權證的證券交易稅只有千分之一。對於習慣短進短出的投資者來說，權證的交易成本比股票的交易成本來得低廉許多！

❹ 槓桿效益大，最大的損失就是權利金

假設投資人錯估行情，不管是買進認購還是認售權證，最大的損失就是一開始所付出的權利金。如果跟投資現股相比，一旦看錯行情，又沒有及時停損的話，損失動輒就是幾十萬；就算把權證「斷尾求生」，全數出脫的損失也相對較輕。此外，權證也沒有因為看錯趨勢，而被融資、融券追繳保證金的壓力。當投資人看對方向時，權證「開槓桿」的獲利可望

是數倍起跳；尤其所連結的股票啟動主升段或主跌段的大漲大跌趨勢時，更有放大獲利的效果。因此，若是操作權證得當，帶來的報酬率也是很可觀的！

Ｑ 如此說來，投資權證可說是一本萬利囉？它暗藏著哪些風險？

Ａ 權證的確具有高槓桿的效果，但也不保證是一本萬利、穩賺不賠，甚至於，它有股票所沒有的風險。例如：

❶ 信用風險

因為權證是由「券商」所發行，如果「券商」的財務出狀況，導致它所發行的權證無法依照條件履約時，投資人可能會血本無歸。

❷ 時間風險

現在市場上多數權證的存續期間，短則三個月，長則半年左右，時間到，就是下市，並不像股票可以長抱；即便短期套牢，好的公司有好的業績支撐，每年還可以等著收取股利。就算所連結的標的股票價格不動如山，權證的權利金也會隨著到期日的接近，減損權利金價值，價格跟著下降；尤其在價外狀態時（就是根本沒有履約價值），權利金的價值更是趨近於零。因此，當權證越是接近到期日時，履約價值就會越低；一旦不具有履約價值，權證價格就會每況愈下，進而趨近於零，就是所謂的「歸零膏」了。

❸ 流動風險

交易權證就如同交易股票一樣，個股受到青睞的程度不一，有的成交量大、交投熱絡，有的成交量低、乏人問津。臺灣目前上市權證超過萬檔，每天成交量是零的權證，有時會超過 500 檔；通常接近價平（就是股票的市價等於履約價）的權證，流動性會比較好。由於權證不如股票普及，新手在選擇投資權證之前，最好先關注權證流動性的問題。

影響權證價值的內外在因素

Q 操作權證除了要特別注意時間限制，還有哪些因素，也會影響權證的價值呢？

A 由於券商在計算權證的理論價格時，是透過「權證訂價模型」（就跟選擇權的訂價觀念是一樣的），作為權證訂價的依據，因此，權證訂價模型內的參數，都會影響權證的價格高低。而權證內在的影響因素有五大類，包括：標的股票價格、履約價、標的股票歷史波動率、存續期間和利率；外在的影響因素則是包括：市場價格、供給和需求等三要件。這些因素如何影響權證的價格，其實就跟選擇權權利金的概念是一樣的；讀者們可以參閱前面第一天的相關內容，有著更深入的探討。我們把這些重點，整理成（表二）。

表二：影響權證價格的因素與理論價格變化關係表

影響因素	漲／跌情況	認購權證理論價格	認售權證理論價格
標的股價	上漲	漲	跌
履約價	調高	跌	漲
歷史波動率	較大	漲	漲
距到期天數	較長	漲	漲
市場利率	較高	漲	跌

四大眉角，幫你挑出會賺錢的權證

Q 請問挑選權證，也有「眉角」嗎？

A 由於到期前的權證市價（就是選擇權權利金的價格），等於是「內含價值」加上「時間價值」；而其中的「內含價值」，就是現股的「市價」與權證契約中的「履約價」的價差，再乘以「行使比例」的結果。於是，表二中每一個參數

的變化，都會影響到權證的價值。因此，投資朋友在挑選權證時，要特別注意四大原則：履約價（跟現在的市價比，是不是有機會履約）、到期日－到期日最好在三個月左右、價內 15% 至價外 15% 以內的權證、行使比例越大越好。我們進一步說明如下：

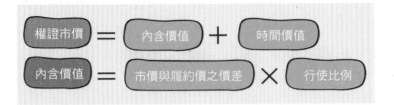

❶ 履約價：

履約價越接近市價越好（儘量選擇價平或價內的權證）。在大多數情況下，權證的履約價越接近目前的股價，那麼選擇權將越有價值。這是因為當履約價接近目前的股價時，持有權證的投資人，就越有機會可以在未來以更低的價格購買或更高的價格出售股票，於是，就增加了權證的潛在利潤。

認購權證的標的市價高於履約價；認售權證的標的市價低於履約價，都稱為價內（英文：In The Money，ITM）。價外的權證雖然槓桿較大，到期前如果沒有履約價值的話，也較容易歸零。

❷ 到期日（存續期間）：

到期日越遠越好。權證距到期日越近，越有可能面臨沒有足夠多的時間，等待行情反轉（向上或向下），於是，持有權證的投資人獲利的機會越小，其時間價值，將呈現倍數遞減。假設萬一又是在價外的情況之下，那麼該檔權證的價值將會是零。新手投資人可先設定到期日還有 60 天以上，保守型的投資人甚至可以選擇 90 天以上，這樣比較有充裕的時間，可以等候獲利，以免短線行情不如預期時，被迫停損出脫權證。

❸ 價內 15% 至價外 15% 的權證較佳

當權證處於價內時,與股價漲跌的連動性較高,尤其是深度價內的權證,幾乎是亦步亦趨、趨近於股價的走勢。而當權證處於價外時,因為跟股價連動的關連性較低,所以越價外的權證,價格越低;雖然價外權證的實質槓桿倍數較高,但因為在存續期間／預期的時間內不太可能達到可以履約的狀態,所以,常常是乏人問津,因此,吃「歸零膏」的風險較高。建議投資朋友們可先找尋價內 15% 到價外 15% 的權證,如此,較可兼顧權證與現股的連動性。

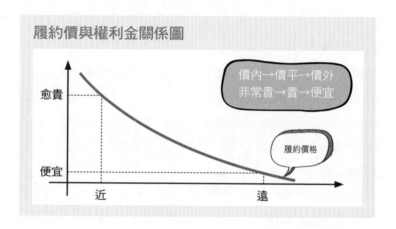

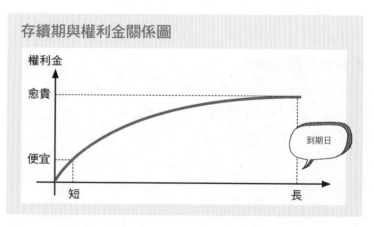

❹ 行使比例越大越好

一般來說，行使比例高的權證，對標的股票價格的連動性和敏感度都會較高，所以，權證價格也會比較高。如果行使比例太低，將會稀釋與標的股價格變動的幅度，因此，比例愈大，對投資人越有利。

　　權證已是一項成熟的衍生性金融商品，因為「單價」便宜，交易策略相對簡單，也有槓桿倍數可以期待，所以，已經逐漸吸引小資男女、社會新鮮人的青睞。建議剛接觸權證的投資朋友，可以先就前面所提到的這幾個條件篩選，就可以找到不少優質的權證。而若想要參考更多及時的權證資訊，還可以上「權證資訊揭露平台」，按照相關欄位的提示，輸入你所設定的條件之後，就可篩選出符合條件的權證了。而更多關於權證的交易策略及知識，也可以參考另外一本專書《3 天搞懂權證買賣（最新增訂版）》會有更詳細的介紹。

資料來源：權證資訊揭露平台

避免下錯單、表錯情

你必須要知道的委託單種類及條件

投資朋友在交易股票、權證、ETF 等金融商品時,有時會遇到明明自己下單交易的價格,在盤中曾經被「穿價」,可是,卻不見成交回報!另外,透過電子交易平台下單之後,有時也會出現「此價格不在升降單位範圍,請重新輸入」的警語。可是,下單的價格,明明就在漲、跌停的價格區間範圍內,卻怎麼下單,都不被下單平台接受!面對這種不明就裡、不知如何是好、無法跟系統溝通的情況,只好打電話求助於營業員。然而如果遇到行情波動激烈,眼見著良機稍縱即逝、卻偏偏營業員的電話總是占線,其內心的焦慮,不言可喻!等到最後,錯失良機,也只能夠眼巴巴地看著財神爺匆匆經過了!會有這種情況產生,主要是因為,不懂得交易的遊戲規則——除了股價的報價每跳動一單位稱為漲跌一檔,會依照當時的股價高低而定(有可能是 0.01 元、0.05、0.1 元等)之外,再來就是一些交易常規、或者是委託單的種類,也會影響到成交的效率。在期貨選擇權的下單交易「眉角」中,尤其要特別注意到各式各樣委託單種類的差異性;因為,常有投資人會發現,怎麼成交價跟預期的成交價差那麼多?還有,明明已經下單了,價格也跟成交價很接近,可是,怎麼那麼久都還沒有成交?這些稍一不慎的下單方式,不只會錯失獲利良機,有時候,還會讓人有從天堂掉到地獄之感。

由於期貨、選擇權具有的避險、套利、投機以及價格發現等功能,已逐漸成為此間投資人投資布局的選項;但是,若是不諳某些重要的遊戲規則,可能會越避越險。其中的「眉角」一像是委託單的種類、委託條件等,值得讀者細細體會,未來在下單交易時,才可以避免出錯、提高勝算!

一、委託單種類：

根據期交所的官方網站說明，委託單的種類有限價單、市價單和一定範圍市價單等三種。說明如下：

❶ 限價單：

這是指，下單買賣是以「限定價格」申報。所以，在「買進」時，得在其「限價」或「限價以下」之價格成交；在「賣出」時，得在其「限價」或「限價以上」之價格成交。換句話說，你不會買到比你「限定價格」還要高；或者賣到比你「限定價格」還要低的價位。

❷ 市價單：

這是指，下單買賣是以「不限定價格」申報。所謂「不限定價格」，就是你的「成交價格」會按照「競價程序」來決定。當投資人下了「市價單」，就是想要這筆交易「馬上」以市場「目前的」價格成交—不管目前的價格是多少，「市價單」目的就是在立即成交。一旦期貨商收到市價單，就會以當前的價格，替投資人處理該筆交易。

由於下了「市價單」，是希望能夠立即成交，這會讓投資人絲毫沒有反悔的餘地；因此，特別要提醒投資朋友，當你決定要下「市價單」時，

應該注意以下幾點：

下「市價單」應注意事項：

① 價格可能偏離預期：市價單是「不限定價格」之委託，可能成交於漲跌停範圍內的任何價格，最後的成交價格與委託當時行情表上面所揭示之市場成交價格、或買賣申報價格間，可能產生偏離的情形；而且其偏離的幅度，很有可能超出交易人之預期。

② 投資人須承擔風險：交易人以市價單交易應留意商品流動性及相關風險；期貨商接受交易人以「市價單」委託前，應告知交易人成交價格偏離之風險，俾使交易人得以充分了解潛藏的風險。

③ 期貨市場在逐筆撮合時段，新進委託處理的優先順序為「時間優先」，也就是「隨到隨撮合」；因此，「市價單」的處理順序，並沒有優先於「一定範圍市價單」及「限價單」。

《市價委託單釋例》

市價委託是依照當日漲跌停價格來進行委託，舉例來說，前一日期貨的收盤價格為 17500，則今日漲停價格為 17500 +（17500×10%）=

19250，跌停價格為 17500 −（17500
×10%）= 15750。

市價買單委託就是以漲停價
19250 進行委託，成交價介於當前委
賣第一檔。

市價賣單委託就是以跌停價
15750 進行委託，成交價介於當前委
買第一檔。

因此，市價委託單除非是漲／跌
停鎖死，否則一定會成交。

❸ 一定範圍市價單：

這也是一種，下單買賣是以「不
限定價格」申報，再由期交所的電腦
交易系統在接受該筆買賣申報後，以
當時相同買賣別之最佳限價申報價格
（包括最佳一檔衍生買賣申報價格）
為基準價格，於買進時，以基準價格
加上「一定點數」作為買進申報之限
定價格，得在該限價或限價以下之價
格成交；於賣出時，以基準價格減去
「一定點數」作為賣出申報之限定價
格，得在該限價或限價以上之價格成
交。但無相同買賣別之限價申報時，
退回該買賣申報。且限於盤中逐筆撮
合為之。這讓成交價格，可以限定在
一定的範圍內。

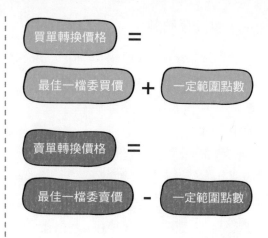

以上是期貨交易所官網的解釋。
我們可以舉例子來說明，上述規定的
意義。

《一定範圍市價單釋例》

以臺股期貨為例，若前一日加權
指數收盤價格為 17500。
一定範圍點數 = 17500 （前 1 日加權
指數收盤） × 0.5% = 88 點

轉換價格的計算：

臺指期貨的到期契約，將會是：
最佳買價 17588，最佳賣價 17412
→ 買單轉換價格 = 最佳買價 17500 +
　 一定範圍點數 88 = 17588
→ 賣單轉換價格 = 最佳賣價 17500 −
　 一定範圍點數 88 = 17412

貼心小提醒：

1. 一般交易時段一定範圍點數計算方式詳「一般交易時段 MWP 一定點數之計算方式」。
2. 盤後交易時段一定範圍點數計算方式詳「盤後交易時段 MWP 一定點數之計算方式」。
3. 各商品日盤及夜盤一定範圍點數請至期交所網站 www.taifex.com.tw
臺灣期貨市場新制專區「新增一定範圍市價委託」專區查詢

三種委託單種類比較表

委託單種類	限價單	市價單	一定範圍市價單
特色	需要指定價格	1. 不需指定價格 2. 交易人的成交價格，有可能大幅偏離交易人的預期	1. 不需指定價格 2. 成交價可能等於或優於轉換價格，因此，可以控制成交價格在一定的範圍內，可避免交易人成交價格大幅偏離交易人預期，達保護效果
可能的成交價格	買進：限價以下 賣出：限價以上	在漲跌停範圍內的任何價格	買進：轉換價格以下 賣出：轉換價格以上

資料來源：期貨交易所

另外，期交所考量每筆市價委託的口數若過大，可能會造成成交價偏離交易人預期之情形，是故，期交所於 108 年 5 月 27 日起調降每筆「市價」委託口數上限，一般交易時段為 10 口、盤後交易時段為 5 口。「限價單」及「一定範圍市價單」，在「股票期貨契約」及「股票選擇權契約」每筆委託數量上限為 499 口。「股價指數期貨契約」、「黃金期貨契約」、「匯率期貨契約」、「原油期貨契約」每筆委託數量上限為 100 口。「股價指數選擇權契約」、「黃金選擇權契約」、「匯率選擇權契約」每筆委託數量上限為 200 口。

單筆委託口數之限制彙總表

委託單種類	限價單	一定範圍市價單	市價單
每筆委託口數上限	股票期貨及股票選擇權：499 口 其餘期貨商品：100 口 其餘選擇權商品：200 口	同左	一般、日盤：10 口 盤後、夜盤：5 口

二、委託條件種類：

在交易期貨或選擇權時，委託下單有三種條件：

❶ **立即全部成交否則取消單（Fill or Kill，FOK）**：這是指本筆交易「立即全部成交（不可部分成交），否則該筆委託單將立即被取消」。當投資人掛單的當下，只要「全部的」單子成交，沒有「全部」成交時，則「全部」都取消。

❷ **立即成交否則取消單（Immediate or Cancel，IOC）**：這是指本筆交易「立即成交（可部分成交）否則（未成交部分）將立即被取消」。也就是：當投資人將委託單送出後，允許部分單子成交，其他沒有成交的單子則自動取消。當投資人掛出「市價單」時，系統會自動設定為「IOC」。

❸ **當盤有效單（Rest of Day，ROD）**：這是指「當日委託有效單」。當投資人送出委託之後，只要不刪單，那麼這筆交易一直到當日收盤前都是有效的。如果投資人是使用「限價單」掛出時，系統會自動設定為「ROD」委託。如果一直到收盤時，都沒有成交，那麼這筆交易將會自動失效。

前述 IOC 與 FOK 的差異在於，IOC 可以「部分成交」，FOK 則需要市場上有足夠多的口數成交，否則「全部」取消。

舉例來說，當投資人委託下單買進10 口，市場上只有賣出 2 口可成交的情形下，IOC 會成交 2 口，另外 8 口會取消；而 FOK 則因為市場上只有 2 口可成交，那麼 FOK 的委託單會被「全部」取消。

另外，如果投資人是掛出「限價單」，當他想改成 IOC 或 FOK，可當下沒有符合價位之賣單時，那麼此筆委託單會有在下單後，馬上被刪單的情形發生。

在下「市價單」及「一定範圍市價單」時，必須要加註條件為「FOK」或「IOC」。因為這兩者不能加註為「ROD」，若無法立即成交，是不會停留於委託簿中等待成交的。

最後，我們將期交所接受委託申報之時間、撮合方式、種類及條件彙整如下表，供讀者們參考：

委託單接收時間		盤前					盤中交易時間						
撮合方式		集合競價					逐筆撮合						
委託單種類		市價單		限價單			市價單		一定範圍市價單		限價單		
委託條件		FOK	IOC	FOK	IOC	ROD	FOK	IOC	FOK	IOC	FOK	IOC	ROD
期貨	單式委託		提供委託○		提供委託○	提供可執行改價之委託單○	提供委託○	提供委託○	提供委託○	提供委託○	提供委託○	提供委託○	提供可執行改價之委託單○
期貨	時間價差委託						提供委託○	提供委託○	提供委託○	提供委託○	提供委託○	提供委託○	提供可執行改價之委託單○
選擇權	單式委託		提供委託○		提供委託○	提供可執行改價之委託單○	提供委託○	提供委託○	提供委託○	提供委託○	提供委託○	提供委託○	提供可執行改價之委託單○
選擇權	組合式委託						提供委託○	提供委託○			提供委託○	提供委託○	

註1：灰色底色表可執行改價之委託單種類，開盤前 2 分鐘不得刪、改委託。

註2：「○」表目前期交所提供之委託單種類。

註3：盤前不接受組合式委託（包括時間價差委託）、帶有 FOK 之委託及一定範圍市價委託。

註4：選擇權組合式委託及一定範圍市價委託，未開放 ROD 之委託條件。

註5：一般交易時段盤前時間：除東證期貨盤前時間為 7:45-8:00，其他商品盤前時間為 8:30-8:45，盤中交易時間請參考期交所網站各商品契約規格。

註6：盤後交易時段盤前時間：15:00 開盤商品為 14:50-15:00，17:25 開盤商品為 17:15-17:25，盤中交易時間請參考各商品契約規格。

註7：時間價差策略（Time Spread）：是指同時買進及賣出履約價格相同，但到期日不同之買權（或賣權）；委託價格為二選擇權序列之價差（到期日遠者之權利金報價減到期日近者之權利金報價）。

資料來源：臺灣期貨交易所
https://www.taifex.com.tw/cht/4/oamIntroduction

圖解筆記24

3天搞懂選擇權交易

市場多空皆可獲利並降低風險的交易策略！

作　　　者：梁亦鴻
責任編輯：王彥萍
校　　　對：梁亦鴻、王彥萍
視覺設計：廖健豪
寶鼎行銷顧問：劉邦寧

發 行 人：洪祺祥
副總經理：洪偉傑
副總編輯：王彥萍
法律顧問：建大法律事務所
財務顧問：高威會計師事務所
出　　　版：日月文化出版股份有限公司
製　　　作：寶鼎出版
地　　　址：台北市信義路三段151號8樓
電　　　話：(02)2708-5509｜傳真：(02)2708-6157
客服信箱：service@heliopolis.com.tw
網　　　址：www.heliopolis.com.tw
郵撥帳號：19716071 日月文化出版股份有限公司

總 經 銷：聯合發行股份有限公司
電　　　話：(02)2917-8022｜傳真：(02)2915-7212
印　　　刷：軒承彩色印刷製版股份有限公司
初　　　版：2024年10月
定　　　價：360元
I S B N：978-626-7516-31-7

國家圖書館出版品預行編目資料

3天搞懂選擇權交易：市場多空皆可獲利並降低
風險的交易策略！/ 梁亦鴻著.- -初版. --
臺北市：日月文化出版股份有限公司,2024.10
208面；17╳23公分. -- （圖解筆記；24）
ISBN 978-626-7516-31-7（平裝）

1.CST：選擇權　2.CST：投資技術

563.536　　　　　　　　　　　113011974

日月文化集團
HELIOPOLIS
CULTURE GROUP

感謝您購買 3天搞懂選擇權交易 市場多空皆可獲利並降低風險的交易策略！

為提供完整服務與快速資訊，請詳細填寫以下資料，傳真至02-2708-6157或免貼郵票寄回，我們將不定期提供您最新資訊及最新優惠。

1. 姓名：_____ 性別：□男　　□女

2. 生日：_____年_____月_____日　　職業：_____

3. 電話：（請務必填寫一種聯絡方式）

　　（日）_____　（夜）_____　（手機）_____

4. 地址：□□□ _____

5. 電子信箱：_____

6. 您從何處購買此書？□_____ 縣/市 _____ 書店/量販超商

　　□_____ 網路書店　　□書展　　□郵購　　□其他

7. 您何時購買此書？　　年　　月　　日

8. 您購買此書的原因：（可複選）

　　□對書的主題有興趣　　□作者　　□出版社　　□工作所需　　□生活所需

　　□資訊豐富　　　□價格合理（若不合理，您覺得合理價格應為 _____ ）

　　□封面/版面編排　　□其他 _____

9. 您從何處得知這本書的消息：　□書店　□網路／電子報　□量販超商　□報紙

　　□雜誌　□廣播　□電視　□他人推薦　□其他

10. 您對本書的評價：（1.非常滿意 2.滿意 3.普通 4.不滿意 5.非常不滿意）

　　書名_____ 內容_____ 封面設計_____ 版面編排_____ 文/譯筆_____

11. 您通常以何種方式購書？□書店　　□網路　　□傳真訂購　□郵政劃撥　　□其他

12. 您最喜歡在何處買書？

　　□_____ 縣/市 _____ 書店/量販超商　　□網路書店

13. 您希望我們未來出版何種主題的書？_____

14. 您認為本書還須改進的地方？提供我們的建議？

　　_____

　　_____

　　_____

　　_____

解
圖記
筆